EKIL

Die FASZINATION der 7 Prinzipien der EMOTIONAL/SOZIAL UND KOGNITIV INTELLIGENTEN LEHRE Neuropädagogik

Interdisziplinäre und ganzheitliche Verknüpfung von Enthusiasmus und Exzellenz für Lehrende an Universitäten, Hochschulen und in der Wirtschaft

HILDA MARIA FANTA-SCHEINER

KARL MARIO VALENT

Klagenfurt, New York

2009

Umschlag- und Buchgestaltung
HILDA MARIA FANTA-SCHEINER

Texte und Lektorat
HILDA MARIA FANTA-SCHEINER

Druck/*Printing*:
Druckerei NIEGELHELL/Leitring

Die Deutsche Bibliothek - CIP-Einheitsaufnahme
Die FASZINATION der 7 Prinzipien der
EMOTIONAL/SOZIAL UND
KOGNITIV INTELLIGENTEN LEHRE Neuropädagogik
Interdisziplinäre und ganzheitliche Verknüpfung von
Enthusiasmus und Exzellenz für Lehrende an
Universitäten, Hochschulen und in der Wirtschaft

ISBN: 3-902335-07-6

1. Auflage 2009

"She did it, because she didn't know it was impossible!"
Lebensmotto der Autorin

"Together we can change the world!"
Jane Goodall, Primatenforscherin

Die **7 Prinzipien** bedeuten:

1. eine **Vision** als Lehrende/r zu entwickeln,
2. diese in Form der **'Mission'** umzusetzen,
3. sich über die eigene **Ethik** als Handlungsbasis klar zu werden,
4. Ziele und Nutzen des pädagogischen Handelns zu formulieren,
5. die **Umsetzung** der Lehrveranstaltung mit emotionaler und kognitiver Intelligenz zu schaffen,
6. eine **Kognitive Evaluation** als unmittelbare Leistungsfeststellung durchzuführen und
7. die Emotionale Evaluierung unter dem Aspekt des lebenslangen Lernens vorzunehmen.

Großen Dank für die Ermöglichung des Forschungsprojektes EKIL an

BMBWK 2006 - 2007 und BMUKK 2008 – 2009.
Prof. Astrid Russek – Direktorin des Pädagogischen Institutes des Bundes in Kärnten, 2004 – 2008.
Mag. Dr. Marlies Krainz-Dürr, Univ. Doz. Mag. Dr. Gabriele Khan, OStR. Mag. Dr. Friedrich Fuchs – Rektorat der Pädagogischen Hochschule Kärnten, Viktor Frankl Hochschule, 2008 – heute.
DI Dr. Herbert Stögner – Rektor der Fachhochschule Kärnten bis 2006, Studiengangsleiter Telematik und Netzwerktechnik – heute.
Dr. Dietmar Brodel, Rektor der Fachhochschule Kärnten, 2006 – heute.
DI Dr. Thomas Schirl, Professor und Promotor an der Fachhochschule Kärnten.
DI Dr. Juergen Schussmann, Professor und Promotor an der Fachhochschule.
O.Univ. Prof. Dr. Petra Hesse, Vizerektorin der Alpen-Adria-Universität Klagenfurt, 2006.
O.Univ.Prof. Dr.Dr.h.c. Heinrich C. Mayr, Rektor der Alpen-Adria-Universität Klagenfurt, 2006 - heute.
Alle Lehrenden und Studierenden der Fachhochschule Kärnten, die sich am empirischen Teil des Forschungsprojektes beteiligten.
Alle Leiterinnen und Leiter von Tagungen, die uns zu einem EKIL-Vortrag einluden.
Alle Lehrerinnen und Lehrer, die uns auf dem Prozess ermutigten.
Unsere Kinder Alexander, Johanna, Philipp; Alexandra, Christian, Karl, Lisa und unsere Familien für ihre Unterstützung und Ermutigung.
Andrea Kanzian und Lucy Preller für das Lektorat.
Unsere Freundinnen und Freunde, Kolleginnen und Kollegen.

Vorwort

Emotional und Kognitiv Intelligente Lehre EKIL ist der Weg, um nachhaltige Veränderungen in Gang zu setzen. Dies ist uns als Forschungs- und Autorenteam ein zentrales Anliegen.

Universitäten, Pädagogische Hochschulen und Fachhochschulen sind die Innovatoren, Motoren und Weichensteller für den Prozess der Bewegung in einer globalisierten Welt.

Laut Selbstverständnis der ältesten Universität Europas, der „Universitá di Bologna“, 1119, geht es um das duale Prinzip der unabhängigen wissenschaftlichen Forschung und der unauflöslichen Verbindung zur Lehre.

Ca. 900 Jahre später fließen in dieser Welt in einem bis daher nicht gekannten Ausmaß Informationen, die aber wieder nur von einem geringen Prozentsatz der Menschen genutzt werden oder genutzt werden können. Die Menschen, die entweder den Zugang nicht haben oder nicht dazu imstande sind, wissen daher nicht, wie sie sich angesichts dieser Globalisierung angemessen verhalten können. Globalisierung und globale Informationsgesellschaft haben unser vorglobales Weltkonzept aus den Fugen gehoben.

Wenn wir ferner berücksichtigen, dass sich die Welt in gleichem Tempo individualisiert – mit immer mehr Individuen und Gruppierungen von Nationen und Kulturen über Berufs- und Interessensgruppen, die mit immer mehr Nachdruck ihre eigene Rolle und Identität suchen -, dann haben wir jenen Komplexitätsgrad erreicht, den man gemeinhin Chaos nennt. Wollen wir in einem derartigen Kontext handeln, brauchen wir ein klares Verständnis seiner tieferen Natur. Fortgesetzte Fehldeutungen schlagen sich, wie wir leider überall um uns wahrnehmen können, - man braucht nur die Nachrichten zu hören – immer häufiger und immer machtvoller als unliebsame Überraschungen und Zusammenbrüche nieder.

Die Verbesserung der eigenen Wahrnehmung verlangt nichts mehr, als Zeit darauf zu investieren. Tertiäre Bildungsinstitutionen wie Hochschulen und Universitäten können in diesem Zusammenhang eine große Rolle spielen, in dem sie ihren Studentinnen und Studenten bei der Wahrnehmung und Analyse der Informationen helfen.

Es geht darum, ob unsere Fähigkeit entwickelt wird, mit den Problemen dieser Zeitenwende, mit diesem Paradigmenwechsel, fertig zu werden. Es geht um die Fähigkeit, den nächsten Evolutionsschritt in unserem Denken wie in unserem Fühlen zu vollziehen. Der Club of Budapest und Ervin Laszlo, der Präsident des Club of Budapest bezeichnet dieses Denken als „planetarisches Bewusstsein“. Es ist das Bewusstsein, dass die Menschheit täglich mehr aufeinander angewiesen ist. Ohne dieses Bewusstsein, ohne dieses Weltbürgerbewusstsein, gibt es keine Suche nach globalverträglichen Lösungen und keine ganzheitliche Politik.

Die kritische Frage lautet: „Wie kann die Bereitschaft und die Fähigkeit, globalverantwortlich zu denken und zu handeln, in die Welt getragen werden?“

Es ist die vielleicht wichtigste Aufgabe unserer Zeit, Wege zur Realisierung dieses Auftrages zu finden. Universitäten, Hochschulen und die Wirtschaft werden eine nicht unwesentliche Rolle spielen. Wie sieht es an höchsten Bildungsinstitutionen und in den Chefetagen der Wirtschaft aus, wie sehen ihre Konzepte aus, wie sehen ihre Werte aus? Wie denken diese Menschen, die viele Entscheidungen für viele Menschen treffen?

Grußbotschaft von Dr. Herbert Stögner

(FH - Studiengangsleiter Telematik und Netzwerktechnik)

Im Zeitalter der Informationsgesellschaft bekommt „Lehren und Lernen" einen immer größeren Stellenwert.

Immer größere Mengen an Informationen stehen heute den Menschen zur Verfügung.

Eine gute Ausbildung gewinnt immer mehr an Bedeutung.

Eine effiziente Wissensvermittlung ist dabei der Schlüsselprozess zum Erfolg.

Was bedeutet EKIL?

Emotional und **k**ognitiv **i**ntelligentes **L**ehren.

Es ist ein neues Konzept in der Lehre, um Wissen und Fähigkeiten optimal zu vermitteln.

Damit sind zuerst die Lehrenden angesprochen.
Lehrende sollten sich intensiv mit **EKIL** befassen, um die heute notwendige Effizienzsteigerung bei der Wissensvermittlung zu unterstützen.

Zur Wissensvermittlung gehören aber auch die Lernenden. Lernende werden automatisch von **EKIL** profitieren.

Das Grundlegende und damit das Geheimnis von EKIL **ist das Konzept, das dahinter steckt. Es ist das Konzept der 7 Prinzipien:**

1. Die **Vision** als große Zielvorstellung in meinem Leben zu sehen,
2. die **‚Mission' als Masterplan** zur Umsetzung zu betrachten,
3. **Ethik und Werte** als tragende Säulen des Selbstverständnisses als Mensch und Lehrender anzuerkennen,
4. **Lehrziele** zu definieren,
5. den **konkreten Unterricht** unter Einbezug der Erkenntnisse der Gehirnforschung, der sozialen und emotionalen Intelligenzforschung, der Unterrichts- und Erziehungswissenschaft zu gestalten,
6. die **kognitive Evaluation** in Form der Prüfung als unmittelbaren Maßstab für das Behalten der Fakten zu betrachten,
7. die **Evaluierung** als langfristige Bestätigung der ‚Emotional und Kognitiv Intelligenten Lehre' = EKIL zu sehen.

Ein Beispiel für EKIL

Wissensvermittlung über den derzeitigen weltweiten Erdölverbrauch.

Wie viele Liter Erdöl werden jährlich auf unserer Erde verbraucht?

Diese Frage erzeugt bei den Lernenden Emotionen und Assoziationen (Hoher Ölpreis, Autofahren, Umweltverschmutzung, usw.).

Wir verbrauchen in Summe 31,8 Milliarden Barrel Erdöl pro Jahr.

Diese Menge kann man sich nur sehr schwer vorstellen.
Auch was ein Barrel bedeutet, ist nicht allen Menschen klar.

Deshalb müssen wir diese Menge für die Lernenden besser aufbereiten:

Es sind derzeit 6,8 Milliarden Menschen auf der Erde.
Ein Barrel sind ca. 159 Liter.

Das ergibt ziemlich genau 2 Liter Erdölverbrauch pro Person, derzeit täglich.

Dieses Ergebnis kann man sich nun leichter merken.
Aber es ist noch nicht geeignet, um ein Bewusstsein für den Gesamterdölverbrauch der Menschheit zu bilden.

Um ein brauchbareres Bewusstsein zu bilden, müssen wir weitere Emotionen ins Spiel bringen.

Zum Beispiel den geometrischen Begriff Würfel.
Jeder Mensch kennt ihn von Würfelspielen oder vielleicht waren einige schon vor der Kaaba in Mekka.

Wie groß müsste ein Würfel sein, um das Erdöl eines Jahresverbrauches zu fassen?

Die Kantenlänge eines Würfels, der diese Menge fasst, ist 1716 Meter! Also 1716 Meter mal 1716 Meter mal 1716 Meter.

Oder anders ausgedrückt:

Alle 11 Sekunden saugen wir die Kaaba leer.

Ergänzend, für die Cheopspyramide gilt:

Die Cheopspyramide wäre in 4 Stunden und 30 Minuten leer.

Nun wissen wir mehr über diese Menge, ja sogar viel mehr, weil wir sie auch emotional einordnen können.

Es sind 31,8 Milliarden Barrel Erdöl pro Jahr!

Viel Spaß bei der nächsten Diskussion zu diesem Thema! H. Stögner

Grußbotschaft von Univ.-Doz. Dr. Gabriele Khan

(Vizerektorin für Forschung und Entwicklung an der Pädagogischen Hochschule Kärnten – Viktor Frankl Hochschule)

Das vorliegende Buch hat das hochschuldidaktische Modell EKIL (Emotional und kognitiv intelligentes Lehren) zum Inhalt, das in Kooperation zwischen der Fachhochschule Kärnten, der Pädagogischen Hochschule Kärnten – Viktor Frankl Hochschule und der Alpe-Adria Universität Klagenfurt erarbeitet und durchgeführt wird. Ziel dieser hochschuldidaktischen Maßnahme ist es, die Lehrkompetenz der Vortragenden an der Fachhochschule zu erweitern, damit sie den Unterricht entsprechend den (Lern)Bedürfnissen der Studierenden konzipieren und abhalten können.

Bei der didaktischen Konzeption ist das Augenmerk auf den Lernprozess der einzelnen Studentin bzw. des einzelnen Studenten gelegt – Lernen ist immer auch ein individueller Akt, der vom Einzelnen zu leisten ist. Dies kann gelingen, wenn im Zuge der methodisch-didaktischen Aufbereitung der Lerninhalte nicht nur auf kognitive, sondern auch auf affektive und emotionale Fähigkeiten der Student/inn/en Rücksicht genommen wird. Umso eher ist zu erwarten, dass es zu einer vertieften und ertragreichen Auseinandersetzung kommt und Wissen nachhaltig erworben werden kann. Lehre ist in diesem Sinne nichts anderes als eine gut durchdachte Vorbereitung und eine Unterstützung des Lernprozesses – je besser die Lehre ist, umso mehr Qualität wird, um einen neudeutschen Begriff zu verwenden, der Output, d. h. das Wissen, die Kenntnisse und die Erfahrungen der Studierenden, haben.

Im Rahmen der Implementierung dieses didaktischen Konzeptes, das sich an den Erkenntnissen der neuen Gehirnforschung orientiert, findet – ebenfalls Institutionen übergreifende – Begleitforschung statt. Unter anderem wird exemplarisch das Ergebnis einer Unterrichtseinheit, in der zwei unterschiedliche Lehrmethoden Anwendung gefunden haben, vorgestellt.

Das Buch sei vor allem Lehrenden im tertiären Bereich ans Herz gelegt, es bietet aber auch Anregungen für Lehrerinnen und Lehrer, die Kinder und Jugendliche unterrichten.

Univ.-Doz. Dr. Gabriele Khan
Vizerektorin für Forschung und Entwicklung
Pädagogische Hochschule Kärnten – Viktor Frankl Hochschule

Grußbotschaft von Dr. Soheyla Warnung,

(Leiterin des Pädagogischen Zentrums Weiz
Encouragement – Trainerin und Individualspsychologin)

Im Zeitalter weitreichender, globaler Umwälzungen sind die Menschen mit völlig neuartigen Herausforderungen konfrontiert. Für die gelungene Bewältigung der gegenwärtigen sowie zukünftigen Angelegenheiten der Menschheit benötigen wir gesunde, couragierte, optimistische und unabhängig denkende Menschen, die nicht nur an ihrem eigenen Glück interessiert sind, sondern auch am Wohlbefinden ihrer Mitmenschen aufrichtig beteiligt sein wollen.

Deshalb ist eine (Selbst-)Erziehung dringend von Nöten, die in jedem Menschen das Gemeinschafts-gefühl erwecken und forcieren kann. Der erste Schritt zu so einer (Selbst-) Erziehung ist das Vorbild.
„Das Beste, was man für einen Menschen tun kann, ist ihm vorzuleben, wie man selbst die Ichhaftigkeit in sich zu überwinden versucht und andauernd Brücken zu den Mitmenschen schlägt". [1] *(Josef Rattner)*

Mut ist erforderlich, um eine solche Haltung zu verinnerlichen. Wir brauchen Mut, wenn wir unsere Meinung sagen, unsere Schwächen annehmen, unsere Fehler zugeben oder uns für andere einsetzen wollen. Ohne Mut sind wir nicht in der Lage, kleine Schritte als große zu erkennen oder den Mut zur Unvollkommenheit als Chance zu begreifen zu wachsen, denn sie alle bilden die Grundvoraus-setzungen für ein gesundes Selbstwert- und Gemeinschaftsgefühl.
Die „Dynamische Matrix der EKIL" hat nach dem neuesten Stand der Wissenschaft ein 7 Stufen–Modell konzipiert, mit deren Hilfe sie jeden pädagogisch Interessierten lehrt, wie die Voraussetzungen zu schaffen sind, fähiger zu werden, um sich mit sich selbst, mit der eigenen individuellen Lebensgeschichte, mit den eigenen Fähigkeiten, Grenzen und Schwächen auseinanderzusetzen und zu versöhnen.

„Echte Erziehung ist die Kunst der Ermutigung."[2] (Frederick Mayer)

Dieses Buch wird vielen Menschen Mut machen, in der Begegnung mit sich selbst und den anderen neue Wege zu gehen.

Beiden AutorInnen dieses einzigartigen Werkes wünsche ich, dass ihr Buch in der Aus- und Fortbildung von LehrerInnen als Standardwerk erkannt und herangezogen wird.

Weiz, 21. Juli 2008 Dr. Soheyla Warnung

---

[1] Josef Rattner, Alfred Adler zu Ehren, Jahrbuch für verstehende Tiefenpsychologie u. Kulturanalyse Band 6/7: 1986/87, S. 17
[2] Frederick Mayer zum Gedenken – schöpferische Expansionen, Böhlau-Verlag, 2008, S.316

Vorwort von Franz Schimek

(Stadtschulrat für Wien)

Die Europäische Union hat sich das ehrgeizige Ziel gesetzt bis zum Jahre 2010 zum wettbewerbfähigsten und dynamischsten wissensbasierten Wirtschaftsraum der Welt zu werden und setzt dabei besonders auf die Stärke und Kooperationsbereitschaft seiner Bürgerinnen und Bürger.

In diesem Kontext kommt formaler Bildung eine entscheidende Rolle zu. LehrerInnen sollten in die Lage versetzt werden, jenes Wissen, jene Fertigkeiten und jene Haltungen zu vermitteln, die Lernende in die Lage versetzen, den Anforderungen, die eine global vernetzte Gesellschaft stellt, gerecht zu werden. Dies ist nur möglich, wenn das Potential, das in der einzelnen LehrerInpersönlichkeit vorhanden ist, entsprechend aktiviert und gefördert wird.
LehrerInnenausbildung muss daher die Entwicklung dieses Potentials zum Ziel haben.

Das vorliegende Buch stellt den innovativen Versuch dar, in Form einer dynamischen Matrix die Prozesshaftigkeit der siebenstufigen Entwicklung von dem Erkennen einer Vision, der Konkretisierung der sich selber gestellten Mission bis hin zur tatsächlichen Umsetzung und der kritischen Auseinandersetzung mit den erzielten Ergebnissen zu konkretisieren.

Dieser Entwicklungsprozess kann nur erfolgreich sein, wenn die Lernenden die Authentizität des Lehrenden, getragen von einer ehrlichen Motivation in einem Klima der gegenseitigen Wertschätzung, erfahren.

In diesem Sinne begrüße ich die vorliegende Publikation als einen wertvollen Beitrag zur Weiterentwicklung der LehrerInnenbildung und gratuliere dem AutorInnenteam zur Realisierung dieses zukunftsweisenden Projektes.

Mag. Dr. Franz Schimek
Leiter des Europa Büros im Stadtschulrat für Wien

Einleitung zu den 7 Prinzipien von Emotional und Kognitiv Intelligenter Lehre - EKIL

Emotional / Sozial und Kognitiv Intelligentes Lehren dient dazu, Studierende und Lernende zu ermutigen, Werte und Erfüllung beim Lernen zu finden.

Die 7 Prinzipien: 1 Vision, 2 ‚Mission', 3 Ethik, 4 Lehrziele, 5 Umsetzung, 6 Evaluation, und 7 Evaluierung, bewegen sich um die Prinzipien der Exzellenz, der menschlichen Würde, der Ermutigung und um das Erkennen menschlichen Potentials.

Die Dynamische Matrix ist Gedankenanstoß und ‚Tool' im Sinne von Handwerkszeug für all jene Lehrenden, die willens sind, ihre Lehre zu verändern:

- in Richtung Qualität und Nachhaltigkeit
- in Richtung exzellentes Bestehen von Prüfungen und optimalen Gedächtnisleistungen
- in Richtung Humor und Kreativität
- in Richtung Ermutigung aller Beteiligten als Paradigma des Wandels

Die wissenschaftliche Basis der EKIL sind die Erkenntnisse der Gehirnforschung, der Logopädagogik, der Ermutigungspädagogik, der Glücks- und Kreativitätsforschung, der Unterrichts- und Erziehungswissenschaft wie auch die vielfältig gelebte Lehrpraxis der Autorin und des Autors.

Das Ziel ist die Erstellung einer über Kulturgrenzen hinweg gültigen, international einsetzbaren ‚Dynamischen Matrix', die die Parameter für Emotional / Sozial und Kognitiv *Intelligentes* Lehren EKIL festlegt, beim Lernenden innere Ressourcen aufspürt, zum Einsatz bringt und eine Garantie für Qualität und Nachhaltigkeit ist.

Dieses Buch ist für Lehrende geschrieben, denen ihr Beruf Berufung ist und die die „Kunst des Lehrens" zu ihrer professionellen Identität erhoben haben.
EKIL ist erlernbar und in einer zunehmend unüberschaubaren Welt des Paradigmenwechsels ein Instrument der kreativen Gestaltung des eigenen Lebensweges, in dem Beruf zur Berufung wird, EKIL wird zu einem Instrument des kreativen, freudvollen und nachhaltigen Lebensweges für Lehrende und Lernende unter Einbezug der Vielfalt der Begabungen und Schicksale.

Kapitel 1, 2, 3, 4, 7 und die Schlussbetrachtungen wurden von Hilda Fanta-Scheiner, Kapitel 5 und 6 von Karl Mario Valent verfasst. Neueste Forschungsergebnisse werden in Tagungsbänden aktueller Fachkonferenzen veröffentlicht.

1 Vision der Emotional/Sozial und Kognitiv Intelligenten Lehre - EKIL

Eine Vision ist ein mächtiges und klares Bild am Horizont des Lebens. So wie Christoph Columbus am Strand stand und die Schiffe kleiner werden und verschwinden sah, formte sich in ihm der Gedanke, dieses Phänomen zu erkunden. Für den Physiker Galileo Galilei führten solche Beobachtungen zu seinen Studien und für ihn gefährlichen Veröffentlichungen. Letztendlich kam es zum Abschied vom geozentrischen Weltbild trotz des Widerstandes der katholischen Kirche. Auch als Galilei durch die Inquisition befragt und offiziell widerrief, hielt er an seiner Überzeugung fest. Die Behauptung, der zufolge er beim Verlassen des Gerichtssaals gemurmelt haben soll, „Eppur si muove“ (und sie [die Erde] bewegt sich doch), ist zwar historisch nicht belegt, wurde jedoch schon zu seinen Lebzeiten verbreitet. Diese Worte wurden erstmalig 1757 in den „Italian Libraries“ von einem Giuseppe Baretti erwähnt.
(Quelle: http://de.wikipedia.org vom 31. Aug. 2007)

Galileis letztes Buch, *Discorsi e dimostrazioni matematiche (Unterredungen und mathematische Demonstrationen über zwei neue Wissenszweige, die Mechanik und die Fallgesetze betreffend),* das 1638 in Leiden veröffentlicht wurde, überprüfte neuerlich die Prinzipien der Mechanik. Das Buch führte zu Newton, der das universelle Gravitationsgesetz beweisen konnte. Achtzig Jahre später bestätigte Johannes Kepler das sonnenzentrierte Planetensystem durch seine Planetengesetze. Galilei erblindete vor der Veröffentlichung des Buches und starb am 8. Januar 1642 in Arcetri bei Florenz.

Galileis größte wissenschaftliche Leistung bestand darin, dass er die Physik mit exakten Messungen anstatt mit metaphysischen Prinzipien und formaler Logik begründete. Von größerem Einfluss waren die *Sternenbotschaft* und der *Dialog,* die neue Perspektiven in der Astronomie eröffneten.

Galileis lebenslanger Kampf galt dem Kampf um Wissenschaft, die von theologischer Behinderung befreit werden musste. Der Vatikan prüfte die Verurteilung Galileo Galileis von 1979 bis 1992. Im Oktober 1992 wurde Galileo Galilei offiziell rehabilitiert.
(Quelle: www.museumonline.at vom 31. Aug. 2007)

Aus einem Bild wurde die Vision. Aus der Vision kam es zum Bruch mit dem geozentrischen Weltbild. Das heliozentrische Weltbild war geboren!
So wie die Institution Römische Katholische Kirche über drei hundert Jahre benötigte, um einen vermeintlichen Häretiker zu rehabilitieren, stehen wir an einem Punkt der Entwicklungsgeschichte der Menschheit, wo wir kaum Modelle und Vorbilder für Kommunikation und Entscheidungsfindung in Gleichwertigkeit finden werden.

1.1 Die Macht der Vision

Visionäre Sichtweisen, Mut, einen neuen Weg zu gehen und ein Bewusstsein, das den Wert und die Würde jedes Menschen anerkennt, sind notwendig, um die Zukunft des Planeten Erde und das Wohlergehen seiner Bewohnerinnen und Bewohner sicherzustellen.
Welcher Art Mensch bedarf es, um diesen Anspruch zu erfüllen?
Welcher Art von Lehrenden bedarf es, um diesen Anspruch an Erziehung und Bildung zu erfüllen?

Es werden Menschen sein, die eine Vision, ein Zielbild haben. Es werden Menschen sein, die dieses Zielbild mit Zielstrebigkeit und Beharrlichkeit verfolgen und sich nicht aufhalten lassen.

Der Unternehmenstrainer und Autor des Buches „Spuren der Zukunft", Kambiz Poostchi, beschreibt die erfolgreiche Zusammenarbeit von Teams aus systemischer Sicht durch das Finden einer Vision:

„Teamausrichtung auf eine gemeinsame Vision oder ein wohlgeformtes Ziel. Teams zeichnen sich durch eine verbindende kollektive Identität und durch klare, gemeinsame Leistungsziele aus. Dabei ist sowohl der Bedeutung der Einzelmitglieder Beachtung zu schenken, als auch ein Prozess einzuleiten, der tatsächlich das kollektive Potential des Teams zum Ausdruck bringt."
(Poostchi, S. 399)

Die „Spuren der Zukunft" beschreiben in eindrucksvoller Weise, wie sehr die Zukunft davon abhängt, ob es uns als Individuen gelingt, machtvolle Instrumentarien zu finden, um leistungsfähige Teams zu formen, deren Ergebnis mehr ist als die Summe der Einzelteile und ob es weiters gelingt, eine Verknüpfung der emotional, kognitiven und sozialen Intelligenz zu erreichen, sodass tragfähige Lösungen zum Wohle der Menschheit gefunden werden können.

1.2 Innere Bilder

Der Psychoanalytiker C.G. Jung befindet,
„dass das Entscheidende für den Menschen die inneren Bilder seien, die er in seiner Seele birgt, zu denen er zurückkehrt und nach denen sich sein Leben gestaltet. Wer mit Bildern spricht, meint dieser große Kenner des Menschenherzens, spricht mit tausend Zungen".
(Stecher, S. 92)

Der Altbischof der Diözese Innsbruck, Dr. Reinhold Stecher, beruft sich auf C.G. Jung, um die Seins-Wirklichkeit von Menschen zu beschreiben, um Motivationshintergründe anzudeuten, die Menschen veranlasst, etwas zu tun oder zu unterlassen. Es sind die inneren Bilder, die Richtung geben und Leitschnur sind für unseren Lebensweg. Menschen, die es verabsäumen, Zielbilder zu schaffen, verlieren leicht die Richtung und drehen sich im Kreis und gelangen nirgendwo hin.

„Die Berge sprechen mit Bildern. Es ist die einzige Sprache, die sie beherrschen. Diese Bilder dringen in uns ein – und wenn wir seltene Steine gefunden hätten und im Rucksack hinunter trügen, sie wären nie so kostbar wie diese Bilder in der Seele."
(Stecher, S. 92)

Der zweite Bischof (von 1981 – 1997) der 1964 zur Diözese Innsbruck erhobenen Apostolischen Administratur Innsbruck-Feldkirch, Reinhold Stecher (1921 – heute), war und ist ein Visionär, der bis heute wirkt und Menschen bewegt. Er lebt in Tirol und erfreut sich der Berge als Element der Kraft, Macht und schöpferischen Tuns. Bischof Stecher schreibt inspirierende Bücher und versieht sie mit seinen malerischen Schöpfungen. Er schreibt über sein Buch:

„Dieses Buch möchte etwas versuchen, das heute eher einen beklemmenden Beigeschmack hat. Es möchte helfen, die Berge zu erschließen. Aber nicht ... mit neuen Pisten, die über das sanfte Gesetz der Bergblumen die harte Herrschaft der Planierraupe bringen. ... Die Bilder und Gedanken dieses Buches möchten ein wenig den inneren Reichtum der Berge erschließen. Sie wenden sich an jenen Bergwanderer und Bergsteiger, der auf den Höhen doch noch mehr sucht als Fitness, Leistung, ... und einen Drink an der Bar des Berghotels. ... Wenn ich für ein paar Stunden dem Lärm entrinne und von irgendeinem Zacken der Nordkette ins Häusermeer hinunterschaue, kommt mir zum Bewusstsein, wie laut die Welt ist, die wir gebaut haben. Aber wenn ich dann nur ein paar Meter auf die Nordseite hinüberwechsle und in die Ketten und Kare, die Wannen und Wände des Karwendels horche, weht mich die Stille an. ... Aber dieses majestätische Schweigen ist doch die erste Therapie, die die Berge für uns gehetzte, verwirrte, abgelenkte und oberflächliche Menschen bereit halten."
(Stecher, S. 12f.)

Gelegentlich ist auch im Unterrichtsgeschehen die Stille notwendig, das Nachdenken, das zur inneren Ruhe kommen, das Warten; das Warten des Lehrenden auf eine Antwort, nachdem er eine Frage gestellt hat.

Berge und Bilder, beides mächtige Metaphern, die Menschen erheben, die Menschen die Möglichkeit geben, Größe zu erleben, sich aufzurichten, sich zu erheben, sich aufzumachen, den Alltag hinter sich zu lassen, aufzusteigen, den Gipfel zu erreichen, die Welt neu aus einem anderen Blickwinkel, von oben zu sehen. Vorherige Probleme, die groß und mächtig schienen und drohten, über uns hereinzubrechen und uns unter sich zu begraben, sind nun klein wie Autos vom Flugzeug aus gesehen und unwirklich, und deshalb weniger bedeutend als vorher.

Nach der Besteigung des Berges wandern die Bilder der Freiheit, der Grenzenlosigkeit, der Stärke, der Klarheit „dann in jene Räume der Seele hinab, die der heilige Augustinus die Gefilde und Paläste der Erinnerung genannt hat, geheime Heiligtümer, weit und grenzenlos."
(Stecher, S. 93)

Bilder helfen uns, eine Vision zu entwickeln. Es ist aus vielerlei Gründen hilfreich, eine Vision zu entwickeln, um ein grosses Ziel vor Augen zu haben.

Warum eine Vision entwickeln?

Bilder vom Berg, die wir in uns tragen, sind gleichzeitig Träger von Mut und Lebensfreude und Träger unserer Vision. Es lohnt, die Bilder, die aus der Tat entsteigen, zuweilen wieder mit der Tat in Verbindung zu bringen, um die Vision unseres Lebens zu erneuern, zu adaptieren, zu modifizieren und neu erstrahlen zu lassen.

Um dieses Strahlens willens, um dieses Lichtes und Leuchtens willens lohnt es sich, eine Lebensvision zu formulieren, zu ‚malen', um zur Metapher des Bildes zurückzukommen.

Ein weises Sprichwort sagt, dass der beste Wind demjenigen nichts nützt, der den Hafen nicht kennt. Im Hafen stehen Leuchttürme, um die Schiffe und deren Menschen an Bord sicher zurückzugeleiten. Es ist das Licht, das leitet, führt, wie schon das Licht des Sternes die drei Weisen führte.

Eine Vision ist ein Leuchtturm in unserem Leben, der uns die Richtung unserer Handlungen vorgibt, der uns die Sicherheit des Richtigen verleiht, der uns „in jenen grauen Stunden, in denen wir auf uns allein zurückgeworfen sind bis hinein in die Jahre, in denen die Beine nicht mehr recht wollen und das Herz schon beim Stiegensteigen streikt," uns Kraft und Würde gibt, das gibt, was man den ‚inneren Halt' nennt und uns treuer Weggefährte ist.
(Stecher, S. 93)
Eine Vision gibt uns inneren Halt!

1.3 Erreichen der Vision – Beispiel Nelson Mandela

Nelson Mandela (1918 – heute) hat das 20. Jahrhundert geprägt. Wenige Menschen, die Politik gestalteten, sind damit vergleichbar. Er ist für Afrika Symbol der Hoffnung auf Frieden und den Abbau von Rassenschranken so wie Gandhi einige Jahre früher (1869 – 1948) Symbol der Unabhängigkeit Indiens und Befreiung und des Abbaus von Beschränkungen durch Kasten in Asien war. Die beiden großen Menschen verbindet die Tatsache, dass Gandhi, bevor er seinen gewaltlosen Widerstand in Indien aufnahm, von 1893 – 1914 Rechtsanwalt und Widerstandskämpfer in Südafrika war und dort ebenso für die Rechte der diskriminierten Menschen, für Farbige und Schwarze, kämpfte. Jahre später ließ sich Nelson Mandela von Mahatma Gandhi inspirieren, um ebenso für „Many Cultures in One Nation" zu kämpfen.

Video: Inauguration of the President of South Africa 10 May 1994.

„Außer dem Leben, einer starken Konstitution und einer dauerhaften Verbindung zum Thembu-Königshaus gab mir mein Vater bei meiner Geburt nur einen Namen mit, Rolihlahla. Wörtlich bedeutet Rolihlahla: „Am Ast eines Baumes ziehen", doch der umgangssprachliche Sinn lautet ziemlich genau: „Unruhestifter". Ich glaube nicht, dass Namen etwas Schicksalhaftes haben oder dass mein Vater irgendwie ahnte, was für eine Zukunft mich erwartete, doch in späteren Jahren machten Freunde und Verwandte oft meinen Geburtsnamen verantwortlich für die vielen Stürme, die ich sowohl verursacht als auch überstanden habe."
(Mandela, N., März 2005, 9. Auflage. S. 11)

Dies sind die Anfangsworte der Autobiographie des ehemaligen Staatspräsidenten Südafrikas (1994 – 1999) und Friedensnobelpreisträgers (1993) Nelson Mandela, geboren 1918 in der Transkei.
Seine Charakterstärke und Menschenfreundlichkeit waren die zwei Komponenten, die ihn auszeichneten und ihn nie die Vision der Freiheit für Afrika verlieren ließen. Er selbst beschreibt seinen Charakter so:

„Während ich noch kaum mehr als ein Neugeborenes war, geriet mein Vater in einen Zwist, der ihn seine Häuptlingswürde in Mvezo kostete und bei ihm einen Charakterzug enthüllte, den ich wohl geerbt habe. Zwar bin ich wohl der Ansicht, dass es hauptsächlich die Umwelt und nicht die Veranlagung ist, die den Charakter formt, doch mein Vater besaß eine stolze Aufsässigkeit, einen unbeugsamen Sinn für Fairness, die ich an mir selbst wiedererkenne."
(Mandela, S. 16)

Sein Vater war ein Beispiel für das unbeugsame Festhalten von Werten, auch, wenn der Preis ein hoher materieller, oder sogar existentieller war.

Seinem Vater wurde die Häuptlingswürde vom weißen Magistrate entzogen, da sie ihn der Insubordination beschuldigten. Er wollte eine Stammesangelegenheit in der Thembu -Tradition lösen und war der Überzeugung, dass der Magistrate, der die Gesetze des Königs von England vollzog, in diesem Fall keine legitime Macht über ihn hatte. Der Vater, der nach den Maßstäben der Zeit als adelig und wohlhabend galt, verlor sowohl Titel als auch sein Vermögen. Die Familie zog in das kleine Dorf Qunu, in dem Nelson Mandela aufwuchs und mit fünf Hirtenjunge wurde.

Er „lernte die fast mystische Verbindung kennen, welche die Xhosa zum Vieh haben, nicht nur als Lieferant von Fleisch und Milch oder auch Reichtum, sondern als eine Art Gottessegen und Glücksquell."
Er lernte die Techniken des Stockkampfes, aber auch die Liebe zu den „einfachen Schönheiten der Natur, der klaren Linie des Horizonts."
(Mandela, S. 19)

Er beschreibt sein Aufwachsen in vielen Facetten und Situationen und kommt zu einer Schlüsselstelle sozialer und emotionaler Intelligenz: „Wie die Menschen des Ostens besitzen Afrikaner ein hochentwickeltes Gefühl von Würde oder das, was die Chinesen ‚Gesicht' nennen."
Der Vorfall, von einem Esel in einen Dornenbusch abgeworfen worden zu sein und ein zerkratztes Gesicht zu haben, dessen er sich vor seinen Freunden schämte, wurde für ihn zu einem nachhaltigen Erlebnis: Er lernte, „dass einen anderen Menschen zu demütigen bedeutet, ihn ein unnötig grausames Schicksal erleiden zu lassen. Schon als Junge lernte ich es, meine Gegner zu bezwingen, ohne sie zu entehren."
(Mandela, S. 20)

Mahatma Gandhi formuliert seine Empörung über einen entwürdigenden Vorfall – Inder mussten in den Rinnsal ausweichen, damit Weiße unbeeinträchtigt auf dem Gehsteig gehen konnten -, dessen Zeuge er in Südafrika geworden war, in seiner gewaltlosen, dennoch klaren Art:

"It has always been a mystery to me how men can feel themselves honored by the humiliation of their fellow beings.' He had just witnessed Indians forced to walk in the gutter so that whites could pass unimpeded along the sidewalk.

Attenborough berichtet darüber, wie ihn die Schilderung dieses Vorfalls berührt hatte:

„His words struck me so forcibly that there and then I committed myself to an attempt to make a film about Mahatma Gandhi – a commitment that changed the subsequent 20 years of my life."
(Attenborough, S. 7)

Richard Attenborough beschreibt, mit welch mächtigem Gedanken er aufgerüttelt wurde, wie er sein Bekenntnis zu dieser Aufgabe, den Film über Gandhi, zu machen, kam; kurz, wie er seine Vision plötzlich sah und sich innerlich bereiterklärte, die folgenden 20 Jahre nach dieser Vision, nach diesem Leitgedanken, auszurichten.

Jede Bildungsinstitution wäre ein paradiesischer Ort zu lernen und zu leben – mit dem Sprichwort des Konfuzius in Gedanken: „To live is to learn!" – wenn viele Lehrende eine Vision ihres Lehrens und ein starkes Bekenntnis, das Beste zu geben, hätten und danach leben würden.

In die Geschichte eines Menschen einzutauchen, bedeutet, von diesem Menschen etwas zu lernen. Es bedeutet in diesem Fall die Personifizierung von Idealen, die Nelson Mandela verkörpert und das Glück hatte, leben zu dürfen oder das Schicksal hatte, diese leben zu müssen.

Die Beschreibung der Kindheit von Nelson Mandela setzt sich fort mit den heldenhaften Geschichten, die sein Vater oft am Abend erzählte, oder die von seiner Mutter erzählten Mythen und Sagen aus der Stammesgeschichte, die von Generation zu Generation weitererzählt worden waren. Sie waren Fantasie anregend und enthielten eine Moral, zum Beispiel, dass Tugend und Edelmut Gutes wachsen lassen. Unüblich in seiner Welt, doch auf den Vorschlag seiner Mutter hin, sandte sein Vater, der Bildung überaus schätzte, den siebeneinhalbjährigen Jungen in die Schule. Am ersten Tag erhielt er von seiner Lehrerin den britischen Namen Nelson.

Emotional & Kognitiv Intelligentes Lehren: Geschichten

Geschichten zu erzählen und erzählen zu lassen, kommt unserem Gehirn entgegen; es formt Bilder im Kopf und speichert diese!

Als Nelsons Vater starb, war er neun Jahre alt. Das Oberhaupt der Xhosas, Regent des Thembulandes, Häuptling Jongintaba (was bedeutet ‚Einer, der den Berg anschaut') Dalindyebo, sollte für das nächste Jahrzehnt Vormund und Wohltäter Nelsons sein.
„Der Regent hatte nicht vergessen, dass er aufgrund der Intervention meines Vaters amtierendes Oberhaupt geworden war."
(Mandela, S. 29)

Nelson Mandela hatte am Häuptlingshof einen Vormund und Wohltäter, einen Menschen, der an ihn glaubte und sein Selbstwertgefühl stärkte.

Anfang 1943 begann der junge Nelson als einziger Schwarzer sein Studium zum LL.B., Bachelor of Laws, an der University of the Witwatersrand, die als beste englischsprachige Universität in Südafrika galt. Die Universität prägte ihn insofern, als sie eine Welt politischer Ideen, Überzeugungen und Debatten darstellte, zu denen er vorher keinen Zugang hatte. Dort begründete er Freundschaften mit weißen und indischen Intellektuellen,
„welche die Avantgarde der wichtigsten politischen Bewegungen der nächsten Jahre bilden würden. Ich traf zum ersten Mal auf Menschen meines Alters, die sich dem Freiheitskampf fest verbunden hatten, die trotz ihrer Privilegien bereit waren, sich für die Sache der Unterdrückten zu opfern."
(Mandela, S. 131)

Die Ideale der Freiheit und Gerechtigkeit sind offenbar universale Ideale, die dann in Menschen die Kraft zum Widerstand entfachen, wenn der Zustand des entwürdigenden Leides einen Zenit erreicht hat und lange genug gedauert hat.

Seine Vision ist keine Vision im Sinne eines einmaligen, einschneidenden, vielleicht metaphysischen Erlebnisses, sondern die Summe seiner Erkenntnisse, die aus seinem Aufwachsen, seiner Sozialisation und der damit verbundenen Werte, wahrscheinlich aber aus seiner persönlichen Suche, Neugier und der Bereitschaft zu Risiko und Leid herrühren.

„Ich hatte keine Erleuchtung, keine einzigartige Offenbarung, keinen Augenblick der Wahrheit; es war eine ständige Anhäufung von tausend verschiedenen Dingen, tausend Kränkungen, tausend unerinnerten Momenten, die Wut in mir erzeugten, rebellische Haltung, das Verlangen, das System zu bekämpfen, das mein Volk einkerkerte. Da war kein bestimmter Tag, an dem ich mir sagte, von nun an will ich mich der Befreiung meines Volkes widmen, sondern stattdessen tat ich es einfach, weil ich nicht anders konnte."
(Mandela, S. 135)

Nelson Mandela schreibt, dass er es einfach getan hatte, weil er es tun musste. Der Zenit der Kränkungen war erreicht. Der Grad des Leides war so hoch geworden, dass Veränderung unausweichlich war.

Das Zitat gibt Hoffnung, dass es auch in scheinbar aussichtslosen Situationen Spielräume und Handlungsmöglichkeiten gibt.

Auf relativ wohlhabende und in Sicherheit lebende europäische Menschen der jetzigen Epoche bezogen, bedeutet das, dass der Mensch offenbar Anstöße braucht, die schmerzen, um etwas im Leben zu verändern. Lernen bedeutet Änderung des Verhaltens!

Wie entsteht eine Vision?

Was wir aber brauchen, ist zuerst der Gedanke, dann das Tun. Der ehemalige Universitätsprofessor und jetzige Kommunikationsberater Manfred Winterheller beschreibt den Übergang drastisch.

„Tun ist die Auswirkung starken Denkens. Schwache Gedanken bleiben im Kopf. Sie manifestieren sich nicht. Starke Gedanken dringen nach außen und verwirklichen sich." (Winterheller, S. 23)

Erfolgreiche Menschen sind erfolgreich, weil es ihnen gelingt, Träume aus der Kindheit, die zu Visionen wurden, zu verwirklichen. Sie hatten, so wie Nelson Mandela, Menschen in ihrer Kindheit und Jugend, die an sie glaubten. Diese Menschen sorgten dafür, dass sich das Selbstwertgefühl stark genug ausbildete, um Visionen, die andere vielleicht als verrückt abqualifizierten, dennoch zu verwirklichen. Führungsmenschen, die von der Autorin interviewt wurden, beweisen es.
(Vgl. Fanta, 2006a)

1.4 Vision der EU über Bildung und Lehrende

Auf der Homepage des Stadtschulrates für Wien findet sich Vision als Qualitätsbegriff für Bildung in der wegweisenden, kraftvollen Zusammensetzung: ‚EdQ – Education Quality – CENTROPE EXCELLENCE und beschreibt damit „Bildung ohne Grenzen. Kommunikation ohne Sprachbarrieren. Begegnung ohne Vorurteile. EdQ – Education Quality wurde als Interreg IIIA EU-gefördertes Projekt ins Leben gerufen, um die Qualität des Bildungsangebots in der Centrope Region durch grenzüberschreitende Kooperationen und Initiativen zu fördern und zu sichern".
(www.edq.eu.com vom 18.09.2006)

Eine Vision ist ‚Kompetenz', die aus der Expertise über die Bildungsstandards definiert wurde:

„Kompetenz kann nur leistungsbezogen erfasst und gemessen werden. Kompetenz stellt die Verbindung zwischen Wissen und Können her und ist als Befähigung zur Bewältigung von Situationen bzw. Aufgaben zu sehen. Der Bereich von Anforderungssituationen, in denen eine bestimmte Kompetenz zum Tragen kommt, umfasst immer ein mehr oder weniger breites Leistungsspektrum".

Zur Entwicklung nationaler Bildungsstandards – Eine Expertise – von Prof. Dr. Eckhart Klieme, Deutsches Institut für Internationale Pädagogische Forschung (DIPF) am 18. Februar 2003 in Berlin.

EURYDICE, die Europäische Informationsstelle, ein Service des BM:BWK stellt in seiner jüngsten Studie fest:

„Eines der drei wichtigsten Ziele des Lissabon-Prozesses ist die Verbesserung der Qualität und der Effizienz des Bildungsangebots. Die Lehrkräfte spielen in diesem Zusammenhang eine bedeutende Rolle. Entsprechend wichtig ist daher die Entwicklung von Systemen zur Evaluierung und Akkreditierung der Lehrer/innenbildung". Lehrkräfte sollten einen Hochschulabschluss besitzen; dies bedeutet Professionalisierung in Richtung Europa und der Welt. Professionalisierung bedeutet auch, mit Technologie und Wissen umzugehen
Lehrkräfte sollten in der Lage sein, mit anderen Menschen zu arbeiten, mit und in der Gesellschaft tätig zu werden.

EURYDICE bietet eine Bestandsaufnahme der Verfahren für die Bewertung der Qualität ... des Aus- und Fortbildungsangebots. ... Qualifikationsstandards, die durch Evaluierung erhoben werden, betreffen Lehrpläne, Unterrichtsmethoden, die Verfahren zur Bewertung der Leistungen der Studierenden, Ausgewogenheit zwischen der berufsbezogenen und der fachwissenschaftlichen Ausbildung, die Organisation von Unterrichtspraktika, Partnerschaften mit den Schulen, Infrastruktur.

Europäische EURYDICE-Informationsstelle, Avenue Louise 240 – B-1050 Bruxelles ; (www.EURYDICE.org)

Welche Kompetenzen sind dafür gefragt? Wer hat sie? Wem fehlen sie? Wer sind die Gewinner, wer die Verlierer in einer offensiven ‚Informationsgesellschaft für alle'? Zu den Schlüsselkompetenzen zählen fremd- und muttersprachliche Kompetenz, mathematische und naturwissenschaftlich-technische Kompetenz, Computerkompetenz, Lernkompetenz, unternehmerische Kompetenz, inter/kulturelle Kompetenz.

Österreich ist bemüht, den „Europäischen Qualifikationsrahmen (EQF) für Lebenslanges Lernen" in Österreich umzusetzen. Zitat aus der Arbeitsunterlage der Kommissionsdienststellen Brüssels vom 8.7.2005:

„Der Erfolg eines EQF hängt von seiner Relevanz und Glaubwürdigkeit für Bildungs- und Ausbildungseinrichtungen, Arbeitgeber, politische Entscheidungsträger und schließlich für die einzelnen Lernenden ab. Er soll ein Meta-Rahmen sein, durch den Transparenz und gegenseitiges Vertrauen gefördert werden.

EQF – Arbeitsunterlage der Kommissionsdienststellen auf dem Weg zu einem Europäischen Qualifikationsrahmen für Lebenslanges Lernen. Brüssel, den 8.7.2005, SEK (2005), 957.

Die Bildungsstandards legen fest, welche Kompetenzen die Kinder oder Jugendlichen bis zu einer bestimmten Jahrgangsstufe mindestens erworben haben sollen. Die Kompetenzen werden so konkret beschrieben, dass sie in Aufgabenstellungen umgesetzt und prinzipiell mit Hilfe von Testverfahren erfasst werden können.

Einen bemerkenswerten Satz soll aus der Expertise vom 18. Februar 2003 in Berlin nicht vorenthalten werden:

„Bildungsstandards werden für das System weit reichende Folgen haben. Eine konsequente Ergebnisorientierung bei der Steuerung des Bildungssystems wird neue Strukturen erfordern".

Zur Entwicklung nationaler Bildungsstandards – Eine Expertise – von Prof. Dr. Eckhart Klieme, Deutsches Institut für Internationale Pädagogische Forschung (DIPF) am 18. Februar 2003 in Berlin, S. 44

Diese Strukturen sind noch nicht geschaffen. Es bedarf Kreativität und Menschen mit Wissen und Mut, um die organisatorische Basis für emotional & kognitiv intelligentes Lehren zu legen.

„Koheränz, Bündelung und Vernetzung sind neben Benutzerfreundlichkeit und reichhaltigem Angebot die zentralen Elemente der Bildungsoffensive in Österreich. Alle Akteure müssen gemeinsam agieren, um die großen Chancen der Digitalisierung optimal zu nutzen“, betonte der bis September 2006 zuständige österreichische Staatssekretär.

Welche Koheränz, Übereinstimmung, Fokussierung und Vernetzung gilt es, 2010 zu erwerben, zu erlernen?
Welcher Kompetenzen unserer Jugendlichen bedarf es für das „gemeinsame Agieren“?
Wer lebt sie vor? Wer schafft die neuen Strukturen?
Wo wird Teamgeist und vernetztes Denken gepflegt?
In österreichischen Schulen, in denen ab 10 Jahren Segregation strukturell festgelegt ist?

Welche Vision wäre förderlich?

Eine Antwort könnte lauten, dass es in Schulen möglich ist, deren Direktorin / Direktor und die Lehrenden folgende Eigenschaften haben:

„Man nehme einen Menschen, gebe ihm Intelligenz, Talent, Humor, Bescheidenheit und ein weiches Herz. Was dabei herauskommt? Ein Mensch, der den meisten, die seinen Namen kennen, ein Lächeln aufs Gesicht zaubert, dem man Respekt zollt und Sympathie entgegen bringt. Ein Mensch, der andere unterhält, zum Denken anregt, zum Lachen bringt und dabei doch immer er selbst geblieben ist. Ein Mensch wie ....
Sir Peter Ustinov“.

Unbestritten wünscht sich jeder Mensch so eine Lehrkraft. Die Frage ist, warum es so wenige davon gibt.
(Fanta, 2006b, in EU - Bildung 2010, S. 136)

1.5 Vision der UNO: Frieden

Im Boden der United Nations Plaza in New York ist folgende Aussage des Untergeneralsekretärs der UNO von 1959 bis 1971 und Friedensnobelpreisträgers Ralph Bunch eingraviert:

"Peace, to have a meaning for many who have known only suffering in both peace and war, must be translated into bread or rice, shelter, health and education as well as freedom and human dignity."
(„Damit der Frieden für viele, die sowohl im Frieden und im Krieg nur Leid kannten, eine Bedeutung bekommt, muss er übersetzt werden in Brot oder Reis, Obdach, Gesundheit und Ausbildung wie auch in Freiheit und menschliche Würde.“)

1.6 Warum eine Vision für uns als EKI-Lehrende wichtig ist

Die Entwicklung unserer Vision(en) gibt uns Halt, gibt uns Kraft. Die Vision ist das Bild, das wir am Horizont unseres Lebens erblicken, gibt uns die Richtung vor, nach der wir gehen.
Die Vision ist die Visualisierung unserer Wünsche und Ziele. Das Erreichen dieser Vision ist vergleichbar mit dem Zieleinlauf nach dem Marathonlauf oder nach dem Wettbewerb und schafft Glück, Zufriedenheit, hohe persönliche Befriedigung und Erfüllung.

Die Vision von EKIL – Emotional / Sozial & Kognitiv Intelligenter Lehre ist es, Menschen die Fähigkeit mitzugeben, ihre eigene Vision im Leben zu finden, sichtbar zu machen, Möglichkeiten der Realisierung aufzuzeigen, um daraus ein Gefühl wie Glück zu generieren.

Modelle und Beispiele sind laut Gehirnforschung wichtig, um komplexe Inhalte verständlich zu machen. Dieses Buch versucht, sowohl den Anforderungen an das leichte und lustbetonte Lernen zu erfüllen als auch gleichzeitig, darüber zu schreiben. Der südafrikanische Politiker Nelson Mandela erfüllt die Kriterien, solch ein leuchtendes Beispiel zu sein.

1.6.1 Schritte zur persönlichen Vision

Diese Übung, die aus dem Repertoire des Neurolinguistischen Programmierens entnommen und modifiziert wurde, wirkt! Sie ist erprobt und verhilft Menschen, klar zu sehen und entsprechende Strategien zur Umsetzung zu entwickeln.
Es wird die informelle Anrede im Deutschen verwendet, um schneller ans Ziel zu gelangen. Es soll niemandem zu nahe getreten werden.

Bitte einen Menschen deines Vertrauens, dich durch die nächsten Schritte zu geleiten.

1 Suche dir einen Ort aus, an dem du dich/ihr euch wohl fühlst/fühlt.

2 Dein Vertrauensmensch soll dir langsam und mit Empathie folgende Fragen stellen!

A Wo siehst du dich in 5 Jahren?
[Interviewter mache die Augen zu und versuche, ein Bild hochkommen zu lassen]
Wie siehst du aus? Was trägst du? Welchen Gesichtsausdruck hast du?
Welche Farben hat deine Kleidung? Bist du im Freien oder bist du in einem Raum? Wie sieht es dort aus?
[Interviewer warte, bis du am Gesicht Deiner/s Partner/in/s ein Lächeln, eine Zufriedenheit siehst!]
Welche Menschen sind an diesem Ort oder bist du alleine?
Was hörst du? Sind es Geräusche der Natur oder sind es Stimmen anderer Menschen? Sind dir diese Menschen vertraut? Sind sie freundlich? Hörst du zu oder redest du mit ihnen oder ist es still und friedlich rund um dich?
Gehst du gerade, sitzt du, stehst du? [warte, bis die/der Interviewte das Bild hat.]
Genieße das Gefühl des Schönen! Genieße das Gefühl der Stärke! Geniesse das Gefühl der Freiheit! Lasse dieses Gefühl Raum gewinnen! Halte dieses Gefühl durch die Berührung deines rechten/linken Daumens an deiner linken/rechten Innenhand fest. Das ist der Moment der Exzellenz! Du setzt dadurch einen Anker. Lebe das Gefühl nochmals und verstärke den Anker durch nochmaliges Drücken. Löse den Anker und komme in die Realität zurück! [Dein/e Interviewte/r lächelt!]

B Was musst du tun, um dieses Zielbild zu erreichen? [lasse sie/ihn ein paar Dinge aufzählen!]

C Wo siehst du dich in 3 Jahren? [Du kannst ihr/ihm bei diesem Prozess helfen, in dem du aufmerksam zuhörst!]
D Wo siehst du dich in 1 Jahr? [ermutigend zuhören]
E Welche Schritte sind zu tun, um zu diesem Ziel zu gelangen?
F Was kannst du morgen dafür tun? In welchen Zeitabschnitten sollte was geschehen, um das Ziel in fünf jahren zu erreichen? [Du kannst mitschreiben, damit du deiner/m Interviewten hilfst, nichts davon zu vergessen!]

3 Ihr könnt euch gegenseitig bedanken und verabschieden!

2 ‚Mission'/Masterplan der Emotional/Sozial und Kognitiv Intelligenten Lehre - EKIL

Die ‚Mission' ist der Umsetzungsplan, der Masterplan der Vision.
Nelson Mandela formuliert die Umsetzung seiner Vision sehr einfach, aber glasklar.
„Da war kein bestimmter Tag, an dem ich mir sagte, von nun an will ich mich der Befreiung meines Volkes widmen, sondern stattdessen tat ich es einfach, weil ich nicht anders konnte."
(Mandela, S. 135)

Nach den Gedanken folgt das Tun.
Ein Gedicht symbolisiert die Gedanken der ‚Mission'.

Achte auf Deine Gedanken, sie werden zu Deinen Worten.
Achte auf Deine Worte, sie werden zu Deinen Handlungen.
Achte auf Deine Handlungen, sie werden zu Deinen Gewohnheiten.
Achte auf Deine Gewohnheiten, sie werden zu Deinem Charakter.
Achte auf Deinen Charakter, er wird zu Deinem Schicksal.

Wenn Sie sich diese Sätze mit Beispielen aus ihrem Leben vorstellen, im Negativen wie auch im Positiven, so beschreibt diese Satzfolge ein Leben! Im Negativen wäre es der Teufelskreis der Traurigkeit, die mit Drogen bekämpft wird und sich so fortsetzt. Im Positiven wäre es Sport oder Dinge, die wir regelmäßig für unsere Gesundheit tun.

Oder, man könnte es auch in den Worten des englischen Dichters und Philosophen Samuel Johnsons sagen:

"Integrity without knowledge is weak and useless,
and knowledge without integrity is dangerous and dreadful."

‚Knowledge' ist die kognitive Kompetenz eines Menschen, Integrität und Charakter können mit der emotionalen Intelligenz des Menschen gleichgesetzt werden. Es kann nur beides in Kombination geben, wie es auch die Verknüpfung von Emotion und Kognition und dann für das Lehren nutzbar gemacht, beabsichtigt.

2.1 ‚Mission'/Umsetzung mit Mut

Das Gedankengut der Individualpsychologie besagt, dass wir es in der Hand haben, die Richtung unseres Lebens selbst zu bestimmen, Entscheidungen eigenverantwortlich zu treffen und auch die logischen Konsequenzen daraus zu ertragen. Wir neigen dazu, aus Bequemlichkeit oder aus Angst vor den Folgen, Alibis zu erfinden, warum wir dies oder jenes nicht machen können oder wollen.

Ihr Begründer Alfred Adler (1870 – 1937) stellte den Menschen in den Mittelpunkt und postulierte die ganzheitliche Wesenhaftigkeit des Menschen. Das bedeutet, dass alle

Entscheidungen, die wir als freie Menschen durch unseren Willen und unsere Überzeugung treffen, in der eigenen Verantwortung liegen, auch wenn uns das oft nicht bewusst ist oder wir es nicht wahrhaben wollen. Wir erkennen manchmal im nach hinein durch die Taten, die wir gesetzt haben, unseren Willen.

Rudolf Dreikurs, 1897 in Wien geboren entwickelte die Individualpsychologie Alfred Adlers weiter und begründete Theorie und Praxis von Ehe- und Paarberatungen und besonders der Erziehungsberatung. Er griff Elemente der Individualpsychologie auf, um sie als Lehre der Ermutigung oder Ermutigungspädagogik fortzuführen und die dahinterliegende Persönlichkeitstheorie weiterzuentwickeln.
(Vgl. Dreikurs, R. und Soltz, V., 1964)

Die Ermutigungsidee birgt in sich Kraft, sogar Sprengkraft, sich selbst körperlich, emotional und spirituell zu helfen, zu heilen, ganz zu machen, glücklich zu machen, und um andere auf dem Weg der Selbstheilung, der Befreiung von Selbstzweifeln, der Erlangung von Zuversicht, Mut, Fröhlichkeit und einer gewissen Leichtigkeit des Seins zu begleiten.

Das heißt, wenn der Mensch sich seiner eigenen Verantwortung bewusst wird und aufhört, die Schuld für sein Verhalten anderen zuzuschieben, dann beginnt durch diese Erkenntnis ein neuer Weg, ein Weg zu einer neuen Haltung und neuen Lebensform. Dann tragen wir Verantwortung für unser Tun und Handeln und können uns Fehler eingestehen und dafür auch um Verzeihung bitten, denn niemand ist fehlerfrei. Das Eingestehen von Fehlern bedeutet, Verantwortung zu übernehmen. Fehler sind die Übung für eine positive Weiterentwicklung und essentiell für unser persönliches Wachstum.

Der promovierte Philosoph und Managementberater Reinhard Sprenger formuliert es ebenso wie die Individualpsychologie in einem Titel eines seiner Bücher: ‚Die Entscheidung liegt bei Dir!' und meint damit, dass jede Handlung in unserem Leben Konsequenzen hat, auch die, die wir aus unterbewussten Glaubenssätzen, ‚beliefs', wie sie im Neurolinguistischen Programmieren genannt werden, heraus tun.

„Sie könnten, wenn Sie wirklich wollten, das scheinbar Unmögliche möglich machen. Es hätte nur Folgen, auf die Sie sich im Augenblick nicht einlassen wollen. Vielleicht müssten Sie Ihr Konto plündern oder gar überziehen, ... im Büro eine Lügengeschichte erzählen ... Offenbar ist Ihnen dieser Preis im Augenblick zu hoch. Wenn wir etwas tun oder lassen, dann vergleichen wir Preise. Nicht immer bewusst, aber in unseren Tagträumen fragen wir uns dafür umso intensiver: Was kostet es, ein ganz anderes Leben zu führen, als ich es bisher tue? Was kostet es, meinen Job hinzuwerfen? Meinen Partner zu verlassen? In einem anderen Land zu leben? Wie auf einer Nebenspur unseres Alltagsbewusstseins prüfen wir alle möglichen Alternativen und wägen die Folgekosten ab. Kosten, die sowohl materieller (‚Ich werde meinen Lebensstandard einbüßen.') als auch ideeller Natur (‚Ich habe Gewissensbisse.') sein können. Wir vergleichen Preise, kommen zu einem Ergebnis – und dieses Ergebnis ist dann unser konkretes Handeln. Das, was wir in jeder Sekunde tatsächlich tun, ist nichts anderes als das Ergebnis dieses Preisvergleichs."
(Sprenger, S. 10)

Der faszinierende Gedanke, der Hoffnung gibt, ist der, dass ich wirklich jede Sekunde neu entscheiden kann, was ich tue, ob ich mich als Opfer der Umstände oder als aktiv Gestaltende/r sehe. Reinhard Sprengers Buch ‚Das Prinzip Selbstverantwortung' be-

schreibt ebenso eindringlich die Chancen und Möglichkeiten, die jeder Mensch täglich neu hat; auch, wenn die meisten Menschen es nicht glauben und das ‚ich kann ja nicht'; oder schlimmer noch, ‚das tut man doch nicht' – und wenn es jemand zufällig in ihrem / seinem Bekanntenkreis tut, dann verzichtet diese Person nicht darauf, ihren / seinen „Neid mit moralischer Selbsterhöhung" zu verdecken.
(Sprenger, S. 152)

Der Druck der sozialen Anpassung ist enorm und viele Menschen finden sich mit widrigen Umständen ab, weil sie Angst haben, weil sie geliebt werden wollen, weil sie hochgradig entmutigt sind.

„Sie haben den vorauseilenden Gehorsam bis zur Selbstauslöschung perfektioniert."
(Sprenger, S. 156)

Statistiken über Krankenstände sprechen eine deutliche Sprache über diesen Druck. Die enorme Zunahme an psychisch Kranken, an depressiven Kranken, die Einnahme an Gemütsaufhellern, Antidepressiva ist im Steigen. Das Komatrinken der Jugendlichen als Phänomen, die Zunahme an Wohlstandserkrankungen wie Bulimie, Anorexie, mehrheitlich bei jungen Mädchen, ist ein Spiegel, der die kranke und krankmachende materielle Gesellschaft reflektiert.

2.2 ‚Mission' mit Verantwortung

Wenn wir nun zur Individualpsychologie Alfred Adlers und zu unseren Seins-Ursprüngen als Individuum zurückkehren, begegnen wir seiner Persönlichkeitstheorie. Ihre Grundaussage ist: Der Mensch ist ein soziales Wesen. Sowohl das Glücklich- als auch das Unglücklichsein des Menschen sind mit der Qualität der sozialen Beziehungen verbunden.

Es beginnt alles in der Kindheit. Wenn Kinder nicht glücklich sind, wenn sie stören oder psychogene Störungen haben, dann gilt in erster Linie die Frage: Wie ist die Beziehung des Kindes zur Familie, bzw. zu der Gruppe, mit dem das Kind am meisten zu tun hat. Für unsere Kinder, ob groß oder klein, ist es für ihr persönliches Entfalten, für ihr Selbstwertgefühl und für ihre Selbstachtung notwendig, dass wir ihnen Verantwortung übertragen. Schon ein kleines Kind kann dadurch für seinen zukünftigen Lebensweg enorm gestärkt werden, da es als verantwortungsvolles Kind, dem Aufgaben und Vertrauen übertragen werden, an sich glaubt. Es glaubt auch als Erwachsener an seine Stärken und Fähigkeiten. Das bringt eine Stärkung des Selbstwertgefühls mit sich und Achtung vor sich selbst, sowie die Achtung gegenüber den Mitmenschen. Über Gebühr verwöhnte Kinder, denen alle Aufgaben entrissen wurden oder aus dem Weg geräumt wurden, sind zutiefst entmutigte Kinder, die sich in ihrem Jugend- und Erwachsenenalter nichts zutrauen und Probleme nicht lösen und meist die Schuld bei anderen suchen.

Der Mensch ist ein soziales Wesen, er will sich eingebettet fühlen in einer sozialen Struktur, einem sozialen System. Er will sich im Grunde seines Herzens akzeptiert und nützlich fühlen. Dann kann und will er das Beste geben, das er hat.

Kritisieren, strafen, Druck ausüben, Angst machen, befehlen, und andere entmutigende Verhaltensweisen schaffen genau die Erwachsenen, die je nach dem Ausmaß des

Mangels der Befriedigung ihrer sozialen Grundbedürfnisse nach Zugehörigkeit, Sicherheit, Wertschätzung und Liebe zu raffgierigen, ‚blinden', manchmal grausamen, feigen und jedenfalls ignoranten, herzlosen, zynischen ‚sharks' werden, die die bereits beschriebene Welt voller Ungerechtigkeit, Gewalt und Angst mit verursachen.

Am Arbeitsplatz ist es auch so. Haben Menschen am Arbeitsplatz eine gute Arbeitsatmosphäre, die von Vertrauen und Wertschätzung geprägt ist oder haben Menschen Angst? Angst, dass sie nicht genügen, dass sie kritisiert werden, die Leistung nicht bringen, dass sie ihre Ziele nicht erreichen. In großen Konzernen geht es der/m Einzelnen ebenso. Den Mitgliedern des Vorstandes, den Leitern und Leiterinnen der nächsten Ebenen und Hierarchiestufen geht es nicht anders. Auch sie haben Angst, ihre Leistung gegenüber den Aktionären und Aktionärinnen nicht zu bringen, ihres Postens verlustig zu gehen, nicht mehr dieselbe Jahresgage und die gleichen Status- und Machtsymbole zu besitzen.

Und diese Angst macht sie zu Gegenmenschen. Es macht sie zu den ‚Blinden', die die Unerträglichkeit der Ungerechtigkeit nicht sehen wollen, dass sich zum Beispiel 2003 das Privatvermögen der 7,7 Millionen Dollarmillionäre zusammengerechnet auf 28 800 Milliarden Dollar belief und zeitgleich „in allen Megalopolen der südlichen Erdhälfte, von Manila bis Karatschi, von Nuakschott (Mauretanien) bis Sao Paulo und Quito hunderttausende Kinder ohne Familie und Obdach auf den Straßen umher irren. Sie versuchen zu überleben, so gut es nur geht: indem sie von Marktständen der Händler klauen, ihren Körper verkaufen oder im Auftrag von Polizisten einbrechen gehen. Manche ... transportieren Kokain für örtliche Mafiabosse. Ihr Leben ist keinen Pfifferling wert."
(Ziegler, S. 36f.)

Die Hauptfrage, die es zu lösen gilt, lautet, wie die heutige Welt mit ihren tief sitzenden Konfliktstrukturen in eine Welt verwandelt werden kann, in der Eintracht und Zusammenarbeit herrschen.

Es bedarf machtvoller neuer Gedanken, die imstande sind, das Bewusstsein der Menschen und damit die Welt zu verändern.

Es bedarf Lehrender, die willens sind, sich der Aufgabe zu stellen, nicht nur ihr Fachgebiet zu lehren, sondern sich so zu verhalten, dass sie des Prinzips 7 der EKIL, der Evaluierung II standhalten und die Nachhaltigkeit ihrer Lehre in ihrer Gesamtheit erreichen.

2.3 ‚Mission' mit Musik und Kunst

„Kunst vereint und vertieft und erweckt immer wieder eine neue Sehnsucht."
(Frederick Mayer, In: Khadem-Missagh, S. 13)

Die Sehnsucht war und ist es, die Menschen einst und jetzt ausziehen ließ, um Neues zu entdecken, Neues zu erfinden, neue Wege des Denkens zu beschreiten und damit Neues auf der Welt zu bewirken. Dieses war nicht immer zum Wohle der Menschheit, weil es nicht nur gebraucht, sondern auch missbraucht wurde. Es war und ist aber sehr wohl eine Herausforderung.

Der virtuose Geiger, Dirigent des Tonkünstler Kammerorchesters Wien und Begründer des internationalen Kammermusik Festivals Austria ‚Allegro Vivo', Bijan Khadem-Missagh, beschreibt Musik als „Nahrung der Seele" und weiß um ihre universale Kraft, Eingang in die Herzen aller Menschen, unabhängig von ethnischer Herkunft, Geschlecht, Bildungsgrad, zu finden.
(Khadem-Missagh, S. 28)

Auf den Anfangsseiten seines Buches erzählt er eine Geschichte, die die Strahlkraft der Musik verdeutlicht.

„Es war in der Zwischenkriegszeit, als der damals 13-jährige Yehudi Menuhin sein erstes Konzert in Berlin gab. Unter Bruno Walter spielte er die großen Violinkonzerte von Beethoven und Brahms und errang einen sensationellen Erfolg. Als er am Ende des vielumjubelten Konzerts in das Künstlerzimmer trat, fand er einen kleinen älteren Mann mit dicker Brille und langen Haaren. Der strich ihm über den Kopf und sagte: ‚Mein lieber junger Freund, Deine Kunst hat mir mehr als alle Wissenschaft bewiesen, dass es einen Gott gibt.' Der Mann hieß Albert Einstein."
(Khadem-Missagh, S. 13)

Diese wahre Begebenheit verdeutlicht die einzigartige Kraft der Musik. Musik hat eine geistige Dimension. Sie hat eine Dimension, die nicht nur rational fassbar ist. Gegner und Gegnerinnen dieser geistigen Dimension des Menschen versuchten seit der Zeit der Aufklärung bis in die Zeit des Kommunismus, diese Dimension zu leugnen. Es gelang und gelingt ihnen nicht. Diese Dimension ist da.

„Musik überschreitet alle Grenzen, denen die Sprache unterliegt, und ihr gelingt es, die Tiefen und das Innere des Menschen zu berühren So verschieden auch die Sprachen dieser Welt sind, der Zugang zur Sprache ist überall gleich, denn er ist musikalisch."
(Khadem-Missagh, S. 17)

Emotional & Kognitiv Intelligent: Einbau von künstlerischen Elementen

Lehrende können sich die künstlerische und geistige Dimension des Menschen in ihrer Lehre, unabhängig vom Gegenstand, zunutze machen und viel bewirken. Sie können ihre Lehre zur Stufe 7 führen, zum nachhaltigen Erlebnis, zu etwas, das für alle Zeit im Langzeitgedächtnis bleibt und zur Quelle der Ermutigung wird.

Um die Universalität von Musik und um unsere menschliche Verbundenheit mit allen Lebewesen zu verdeutlichen, wie es Physiker, zum Beispiel Alternativnobelpreisträger Hans Peter Dürr, zu beweisen suchen, hat Leonard Bernstein 1976 in seinen Vorträgen an der Harvard Universität auf folgendes Phänomen hingewiesen:

„Die Art und Weise, wie ein Kind seine Mutter ruft, ist in allen Kulturkreisen gleich; zwar sind die Wörter unterschiedlich, aber das Verhältnis der verwendeten Tonhöhen ist das gleiche. So stellt Bernstein die Beziehung der Intervalle und Obertöne zu den Sprachen unterschiedlichster Kulturen her und weist auf den gemeinsamen Ursprung hin."
(Vgl. Bernstein, L., 1976)

Musik hat eine Eigenschaft, die auch die Verknüpfung von Emotional und Kognitiv Intelligenter Lehre hat:

„Das Einzigartige der Musik ist im Vergleich zu den anderen Künsten ihre materiell nicht fassbare Konsistenz. Man kann Musik zwar notieren und sie auf Tonträgern festhalten, um sie wieder hörbar zu machen, letztlich aber bleibt ihr Geheimnis dem Augenblick vorbehalten, in dem sie erklingt."
(Khadem-Missagh, S. 18)

Wenn Emotional und Kognitiv Intelligente Lehre EKIL gelingt, dann bleibt im Optimalfall der kognitive Inhalt des Lehrstoffes so im Gedächtnis, dass er mit Wiederholungen in das Langzeitgedächtnis übergeführt wird. Begleitet wird dieser Prozess im Idealfall mit der emotionalen Komponente der Freude und der Lust am Lernen, die beide vom Licht der Begeisterung und Authentizität des Lehrenden angefacht werden. Ein letzter Rest des Zusammenspiels der Fülle der Komponenten bleibt ein Geheimnis.

Ein Aspekt des Gelingens Intelligenter Lehre soll an dieser Stelle prägend hervorgehoben werden. Die zweidimensionale Kommunikation zwischen Lehrenden und Lernenden, das ‚Senden' wie auch das ‚Empfangen' einer Botschaft, des Unterrichtsstoffes, ist essentiell für den Erfolg. Frontalunterricht ist eindimensional!

„In einer griechischen Erzählung, von den Arabern überliefert, wird die Frage gestellt: ‚Warum hat der Mensch zwei Ohren, aber nur einen Mund?'
Die Antwort lautet: ‚Zuhören ist doppelt so wichtig wie selber sprechen.' Das Zuhören ist eine wesentliche Eigenschaft, die erlernt und geübt werden muss. Sowohl das innere als auch das äußere Ohr müssen geschult werden, denn die Notwendigkeit, das von außen Wahrgenommene in das Innere zu übertragen, ist eine Voraussetzung, um die Wirklichkeit der Dinge zu erkennen. Das Gehirn entscheidet über das Zuhören und was gehört werden soll. Es kann filtern und auswählen."
(Khadem-Missagh, S. 22f.)

Bijan Khadem-Missagh verwendet metaphorische Geschichten, Beispiele und Aphorismen, um den Aspekt des Zuhörens zu betonen. In der EKIL geht es ebenso darum, zu lehren, aber auch zuzuhören und den Studierenden Zeit zu geben, das Gehörte für das eigene Leben nutzbar zu machen. Unsere Gesellschaft der überbordenden Informationsfülle, die gleich einem Tsunami über uns hereinbricht und uns zu ertränken droht, erlaubt das oft nicht und glaubt, dass viel Stoff viel wert ist. Zuviel Essen und zuviel Trinken schadet genauso wie zuviel Lehrstoff in liebloser, schneller Form heruntergeredet schadet, weil die nachkommenden Fluten der Information die vorherigen auslöschen und daher nicht weiter verarbeitet werden können.

Zusammenfassend gesagt, hat Musik das Potential, die Atmosphäre in einer Klasse, in einem Hörsaal zu verändern. Musik gibt Energie, wo keine mehr war und frische Gedanken, wo Öde und Leere und Frustration herrschte:
„Music is the stuff dreams grow on."
(Tanak Akay 1900. In: Murphy, T., 1992, p. 37)

2.4 ‚Mission' und Wissenschaft: Mathematik, Biologie, Musik ...

Besonders faszinierend ist die Verbindung zwischen diesen zwei scheinbar unterschiedlichen Disziplinen, die mehr gemeinsam haben, als wir glauben.

Der griechische Philosoph Pythagoras (580 – 495 v. Chr.) entdeckte den Zusammenhang zwischen der Obertonreihe und der Beziehung der Bruchzahlen zu den musikalischen Intervallen.

„Auf seinem Monochord – einem einseitigen Saiteninstrument – erkannte er die Relationen, dass z.B. beim Verkürzen der Saite auf die Hälfte die Oktave, auf ein Drittel die Quint und auf ein Viertel die Quart erklingt. Der Zahlengrundlage der Musiklehre Pythagoras und der Intervallproportionen liegt der Glaube zugrunde, dass die Bewegung des Kosmos und die der Menschenseele auf den gleichen harmonischen Zahlenproportionen beruhen. Die Musik ist durch ihr Zahlenprinzip daher Abbild der Weltordnung, nimmt aber umgekehrt auch Einfluss auf das Gemüt und den Charakter des Menschen."
(Khadem-Missagh, S. 49)

Der große Wissenschaftler, Biologe und Begründer des Konrad-Lorenz-Instituts für Evolutions- und Kognitionsforschung, Rupert Riedl fragt in seiner ‚Sicht der Welt' nach ‚Negentropie und Ordnung', nach ‚Oben und Unten'; er stellt die Frage, ‚warum es eine Höherentwicklung' gibt. Er nennt als ‚tragende Säulen' Religion, Kunst und Wissenschaft und damit einhergehend Bildung.

„Will man über die Entwicklung dieser tragenden Säulen reflektieren, bedarf es eines Standpunkts, einer Bemühung, deren Produkt man als Bildung bezeichnen kann. ... und Bildung, wie ich schon angedeutet habe, im kulturellen Überbau das einzig verlässliche Korrektiv ist gegen viele Arten von Verwirrung, Humbug und Betrug.

Was aber ist Bildung? Der ‚Brockhaus' versteht darunter einen ‚Vorgang geistiger Formung', die ‚innere Gestalt', zu der ein Mensch gelangt, wenn er seine Kräfte in Auseinandersetzung mit den Gehalten der Kultur entfaltet."
(Riedl, S. 131)

Rupert Riedl, geboren 1925, stellt diese Fragen als ultimative Erkenntnis nach vielen langen und erfolgreichen Jahren als vielfach ausgezeichneter Forscher und Lehrer an zahlreichen Universitäten. Auch er plädiert für eine Zusammenschau der Disziplinen, um *eine* Erkenntnis, dass die Erde nur *eine* Heimat für alle sein kann, dass wir alle dafür die Verantwortung tragen.

„Unser Bildungswesen bedarf der Adaptierungen, und wenn man sich die Kreisläufe ansieht, dann reichen sie von den Universitäten und den Schulen für Lehrerbildung bis zur Haltung jener Lehrerinnen und Lehrer, die unsere Kleinsten anvertraut bekommen. Und von da führen sie zurück in unsere Gesellschaft, von der Haltung deren Eltern bis zu jener unserer Rektoren und Minister."
(Riedl, S. 180)

In diesem Absatz bekennt sich Rupert Riedl zu den Erkenntnissen des systemischen Denkens, zu dem Grundsatz, dass ein Problem, das auf der einen Ebene entstand, nicht auf der gleichen Ebene gelöst werden kann. Die Lösung kann nur auf der nächsthöheren Ebene stattfinden.

Zuallererst mahnt er die Universitäten, ihren Teil an Verantwortung wahrzunehmen, sich nicht dem Diktat der Sponsoren zu unterwerfen und sich indirekt nicht mit dem Ausverkauf der Gebrauchsbildung zufrieden zu geben.

„Den Universitäten sind die ersten Vorwürfe zu machen. Man muss verlangen, dass sie sich Geschäft und Mammon nicht in der dort geforderten Weise unterwerfen. ... Aber sie haben sich um die Universalität ihrer Bildungsstätten zu kümmern. Universalität bedeutet, dass es neben der Berufsausbildung um ein Weltbild geht, das seine Widersprüche nicht ignoriert, sondern aufzulösen sucht. Im Großen geht es darum, wieder eine Brücke zwischen Natur- und Sozial- und Kulturwissenschaften zu bilden, darum, alle Formen von Interdisziplinarität, Überblick und Synthese zu fördern, nicht neue Grenzen zu erfinden sondern die Verbindungen zwischen den Disziplinen zu verstehen.“
(Riedl, S.181)

Den Lehrerinnen und Lehrern empfiehlt Rupert Riedl, Begabungen wahrzunehmen, nicht nur einseitig nach dem Lehrstoff zu beurteilen. Er plädiert für ein Bewusstwerden dafür, wie wichtig die Haltung der einzelnen Lehrkraft ist. Diese Frage wird im nächsten Kapitel, dem der Ethik, Raum gegeben.

In Folge plädiert er für eine höhere Bezahlung der Lehrenden, damit Menschen angezogen werden, die sowohl kognitiv als auch emotional den Anforderungen ‚Intelligenter Lehre' zu erfüllen in der Lage sind. Das Beispiel ‚Finnland', das im Kapitel 4 erläutert wird, gibt ihm recht. Die Bezahlung, die gesetzlichen Löhne und Gehälter einer Lehrkraft in einem Land korrelieren mit dem Sozialprestige dieses Berufsstandes.

2.5 Warum es lohnt, die ‚ Mission', den Masterplan zu entwickeln

Wenn es Lehrenden gelingt, ihre Vision als beste Lehrende mit Mut, Verantwortung und mit der Vereinigung von Intellekt und Kunst umzusetzen, werden die Resultate dieser Lehre ‚intelligent' sein.

Guten Lehrenden waren diese Tatsachen immer schon klar, dennoch gibt es wenige davon. Die Frage ist nur, warum? Weil es mühsam ist, kognitiv klar und emotional empathisch zu sein; weil die eigene Befindlichkeit als Lehrende/r wichtiger ist als die der Studierenden, weil es an Haltung fehlt, weil es an Mut fehlt, weil es an Bemühung fehlt, kurz, an notwendiger Ethik, die Verantwortung für das eigene Tun und das, was wir damit auslösen, zu übernehmen?

Wenn es gelingt, dann wird Lehren und Lernen zum ganzheitlichen und verknüpften Prozess, der sich sowohl kurzfristig testen lässt (vgl. Kapitel 6) als auch nachhaltigen Bestand hat (vgl. Kapitel 7).

3 Ethik/Werte der Emotional/Sozial und Kognitiv Intelligenten Lehre - EKIL

3.1 Bestandsaufnahme der Ethik und Werte unserer Gesellschaft

So wie Rupert Riedl die richtige Haltung fordert, ist es für EKIL die Ethik, die notwendig ist, zuallererst Mensch zu sein, um exzellent in unserem Beruf zu sein. Wir tragen in unserem Beruf als Lehrende Verantwortung und sind Vorbild! Bemerkung am Rande: Wir sind Vorbild, ob wir es wollen oder nicht! Man könnte es auch so formulieren, dass manchmal Lernen *trotz* der Lehrerin, des Lehrers stattfindet!

Der Schweizer Soziologe und UN-Sonderberichterstatter Jean zeichnet in seinem aufrüttelnden Buch ‚Das Imperium der Schande' ein düsteres Bild der Welt des 21. Jahrhunderts.

„Allerlei Theorien und fadenscheinige Ideologien verdunkeln das Bewusstsein der Männer und Frauen guten Willens in der westlichen Welt. Deshalb halten viele unter ihnen die derzeitige kannibalische Weltordnung für unabänderlich. Dieser Glaube hindert sie daran, die Schande, die sie tief in ihrem Inneren verspüren, in Aktionen der der Solidarität und der Revolte umzuwandeln."
(Ziegler, S. 15)

Ziegler beschreibt das von vielen empfundene Gefühl der Ohnmacht, selbst nichts machen zu können, selbst zu klein gegen ‚die da oben' zu sein. ‚Die da oben' sind wieder von anderen Mächten abhängig, Politiker von ihren Parteien, Vorstandsmitglieder von ihren Aktionären. Diese Reihe ließe sich fortsetzen, wobei sich die Frage erhebt, wer denn etwas machen könne. Lassen wir es zu, dass sich die Frage im Laufe des Buches selbst beantwortet.

3.1.1 Vorbilder? Die historische Mission der Enragés

Ziegler beruft sich auf die in der Zeit der Französischen Revolution formulierte ‚Mission' der Anhänger von Jacques Roux und stellt fest, dass die damals formulierten Forderungen bis heute nicht erfüllt wurden. Nur die Namen der Verursacher, beziehungsweise die Systeme, denen diese Träger der Unterdrücker angehören, haben sich geändert, nicht das Faktum der Unterdrückung und Ungerechtigkeit an sich

„Die historische Mission der Revolutionäre, wie sie von den *Enragés*[1] 1793 formuliert wurde, besteht darin, für eine erdumspannende soziale Gerechtigkeit zu kämpfen. Für sie geht es darum, die verhaltene Wut zu wecken und den Sinn für kollektiven demokratischen Widerstand zu nähren. Man muss die Welt wieder auf die Beine stellen, den Kopf oben, die Füße unten. Man muss die unsichtbare Hand des Marktes zermalmen. Die Wirtschaft ist kein natürliches Phänomen. Sie ist ein Instrument, das es in den

Dienst eines einzigen Zwecks zu stellen gilt: dem Streben nach dem gemeinsamen Glück."
(Ziegler, S.15f.)

[1]Die radikalen Anhänger des Ex-Priesters Jacques Roux wurden so genannt. Das französische Wort *enragé* bedeutet: in Rage, vor Wut außer sich sein. Von Februar bis September 1793 beeinflusste diese Gruppierung die Sansculottenbewegung nachhaltig. Ihre Forderungen waren: Gleichheit, Unterbindung der Spekulation Bestrafung der Spekulanten und Wucherer.

Gerechtigkeit und Glück sind die schon damals postulierten Pfeiler der Weltordnung, die die Französische Revolution forderte. Was ist 120 Jahre danach mit dieser Forderung geschehen?

3.1.2 Ist die Welt ein wenig gerechter geworden? Das Paradigma Gerechtigkeit

Hat sich der globale Gegensatz zwischen arm und reich verringert?
Sterben 2007 weniger Kinder an Hunger, Unterernährung, Vertreibung als vor 30 oder 20 Jahren, als die Vereinten Nationen das Jahr des Kindes (1979) und das Jahr der Jugend (1985) ausgerufen und proklamiert hatten und sich die Staatengemeinschaft verpflichtet hatte, Verantwortung für diese elenden Missstände zu übernehmen?
Ist die Gleichwertigkeit von Frau und Mann im Bewusstsein der Menschen trotz des Internationalen Jahres der Frau (1975) verankert worden?

Nein, der Gegensatz wird stärker! Die Rüstungsausgaben aller Staaten der Welt haben im Jahr 2004 die 1000 Milliarden Dollar überstiegen. 47 % dieser Ausgaben wurden von den Vereinigten Staaten getätigt.
(Nach einem Bericht des SIPRI – Stockholm International Peace Research Institute vom 9. Juni 2004.)

Am Eingang des Saales des UNO-Sicherheitsrates in New York ist seit 1. Januar 2000 eine Tafel angebracht. Sie stellt eine auf den Kopf gestellte Pyramide dar. Sie zeigt die Militärausgaben auf der Welt für ein Jahr und die jährlichen Ausgaben für die wichtigsten sozialen Umwelt- und Entwicklungsprogramme der UNO.

3.1.3 Militärausgaben pro Jahr auf der Welt

780 Milliarden Dollar (2000)

Entwicklung alternativer Energien
50 Milliarden

Die Verschuldung der 49 ärmsten Länder beseitigen
30 Milliarden

Impfstoffe gegen Epidemien wie AIDS verbreiten
9 Milliarden

Die Slums beseitigen
20 Milliarden

Die Unterernährung und den Hunger beseitigen
19 Milliarden

Die Weltbevölkerung stabilisieren
10,5 Milliarden

Allen den Zugang zu Trankwasser ermöglichen
19 Milliarden

Gegen den sauren Regen kämpfen
8 Milliarden

Die Erwärmung des Planeten bekämpfen
8 Milliarden

Nukleare Rüstungssysteme abbauen
7 Milliarden

Die Zerstörung der Wälder stoppen
7 Milliarden

Die Ozonschicht schützen
4 Milliarden

Die Flüchtlinge wieder zurückführen
5 Milliarden

Den Analphabetismus beseitigen
5 Milliarden

Den Aufbau demokratischer
Einrichtungen
fördern –
2 Milliarden

Die Tretminen
beseitigen –
2 Milliarden

Eine kleine Addition genügt, um festzustellen, dass es schon im Jahre 2000 nur 240 Milliarden bedurft hätte, um die tödlichsten Geißel der Zeit zu beseitigen, in dem zynischen Wissen, dass die Ressourcen und Potentiale auf der Welt vorhanden sind, weil sie vorhanden drei mal so stark sind und zwar als scheinbar unüberwindliches Potential der Zerstörung.

Jean Paul Sartre beschreibt diese Zustände des von Menschen verursachten und offenbar gewollten Mangels als strukturelle Gewalt. Jean Ziegler benennt sie als „Herrscher des Imperiums der Schande“, die Mangel bewusst hervorrufen, der einzig und allein einer gierigen Logik gehorcht und der Profitmaximierung dient. In so einem System erscheint der Mensch als „Träger einer Todesdrohung. ... wir verstehen in groben Zügen seine Ziele (es sind die unseren), seine Mittel (wir haben die gleichen) und die dialektischen Strukturen seiner Handlungen. Aber wir verstehen sie als Merkmal einer anderen Art, unseres teuflischen Doppelgängers.“
(Sartre, S. 140)

Wir würden diese Zustände - falls wir sie überhaupt wahrnehmen oder zur Kenntnis nehmen - ohne das Abschieben auf andere nicht ertragen. Sartre führt seine Erklärung der menschlichen Natur weiter aus:
„In Wirklichkeit ist die Gewalt nicht notwendig eine Handlung. ... Sie ist vielmehr die ständige Unmenschlichkeit der menschlichen Verhaltensweisen als verinnerlichter Mangel, kurz das, was jeden in jedem den Anderen und das Prinzip des Übels sehen lässt. Deshalb muss es, damit die Ökonomie des Mangels Gewalt ist, nicht notwendig zu Massakern oder Einkerkerungen ... kommen. ... Es genügt, dass die Produktionsverhältnisse in einem Klima der Angst und des gegenseitigen Misstrauens von Individuen errichtet und aufrechterhalten werden, die immer bereit sind, zu glauben, dass der Andere ein Gegen-Mensch ist, ...dass der Andere, wer er auch sei, dem Anderen gegenüber immer als ‚derjenige, der angefangen hat‘, auftreten kann.“
(Sartre, S. 157f.)

Die Welt hat sich in den letzten 150 Jahren mehr verändert als viele Jahrhunderte zuvor. Viele Opfer tausender mutiger Menschen waren notwendig, um die vielen schlimmen Zustände in der Welt zum Besseren zu wenden. Zum Besseren gewendet hat sich die Welt vielleicht nur in der Ersten Welt, in den jetzigen Industrienationen.

Der uruguayische Schriftsteller und Journalist Eduardo Galeano (1940 – heute) beantwortet die Frage, warum die Menschen in Südamerika so arm sind und wir so reich sind, in seinem Buch *Las venas abiertas de América Latina* (dt. *Die offenen Adern Lateinamerikas*). Es stellt die Geschichte Lateinamerikas, die Kolonialisierung und Ausbeutung dar.

Es ist der persönliche Glaube, der unsere Handlungsweisen bestimmt Im 21. Jahrhundert oder im 3. Jahrtausend haben die alten Lehren ausgedient; sie haben keine Kraft mehr. Universell ist es die Geißel des religiösen Fanatismus und die weltliche Gier des Kapitalismus, der „alle Mörder auf der einen Seite und alle wehrlosen Opfer auf der anderen Seite präsentiert.“
(Ziegler, S. 18)

Mit ‚Mörder‘ bezeichnet Jean Ziegler die multinationalen Konzerne, auch als „Heuchelei der Kosmokraten und ihrer politischen Lakaien“.

Er meint damit die Verschuldung der Länder der Dritten Welt, die „das Massaker an Millionen Menschen durch Unterernährung und Hunger“ verursacht und die „der größte Skandal zu Beginn des dritten Jahrtausends“ bleibt.
(Ziegler, S. 101f.)

„Im Jahre 2005 hat der Hunger mehr Menschen getötet als alle in diesem Jahr geführten Kriege zusammen. Wie steht es um den Kampf gegen den Hunger? Jene, die ihn führen, verlieren eindeutig an Boden. Im Jahr 2001 starb alle sieben Sekunden ein Kind unter zehn Jahren.
(Quelle: FAO, State of Food Insecurity in the World, 2001, 2004 und 2006, Rom 2001, 2004 und 2006.)

Im selben Jahr sind 826 Millionen Personen aufgrund der Folgen schwerer und chronischer Unterernährung invalid geworden. Heute sind es über 854 Millionen.
(Quelle: Ebd.)

„Zwischen 1995 und 2005 ist die Zahl der Opfer chronischer Unterernährung um 28 Millionen gestiegen.“
(Ziegler, S. 102)

„Gravierende und chronische Unterernährung zerstört langsam den Körper. ... Die geringste Krankheit wirft ihn dann nieder. ... Doch die schlimmsten Leiden, die von der Unterernährung verursacht werden, sind die Angst und die Demütigung. Der Hungernde führt einen verzweifelten und ständigen Kampf um seine Würde. Ja, der Hunger erzeugt Scham. Der Vater kann seine Familie nicht mehr ernähren. Die Mutter steht mit leeren Händen vor dem hungernden Kind, das weint.“
(Ziegler, S. 109)

Faszinierend und erschreckend zugleich, wie minutiös und glasklar Jean Ziegler Fakten zusammenträgt, um aufzuzeigen, um aufzurütteln, um zu mahnen, und um zum Handeln aufzufordern!

3.2 Bedeutung der gegenwärtigen Entwicklung der Welt

Wollen wir die Bedeutung der gegenwärtigen Entwicklung in der Welt verstehen, ist es wesentlich, den Gesamtprozess der Reifung der Menschheit und die notwendigen Umwälzungen und Veränderungen, die damit unweigerlich einhergehen müssen, im Gesamtzusammenhang als einen organischen Prozess mit klarer Ausrichtung auf die Vision der Reifestufe zu betrachten.

In früheren Ordnungssystemen ging Systemverantwortung und damit die Garantie für die Unversehrtheit des Ganzen sowie Schutz und Geborgenheit für die Abhängigen von einer zentralen Instanz aus. Sie entsprachen also dem patriarchalischen Führungsmodell, welches für das Wohlergehen aller Beteiligten Sorge trug. Sicherheit und Ordnung wurden durch die Loyalität der Beteiligten gegenüber dieser zentralen Figur aufrechterhalten. Man könnte diese Form mit der Kindheitsstufe der Menschheit vergleichen.

Die Jugend ist die Zwischenstufe auf dem Weg zur Reife. Das Merkmal dieses wichtigen Stadiums ist eine Zunahme an Unabhängigkeit mit Identitätsfindung und Werteorientierung. In unserer Gesellschaft bedeutet das oftmals geistiges Vakuum und die Verherrlichung des Materialismus, gepaart mit verstärktem Nationalismus, Rassismus und militantem Fundamentalismus. Sie sind Blockaden bei der Entwicklung der Welt zu ihrer vorgesehenen Stufe der Reife.

Unabhängigkeit und Eigeninteresse werden glorifiziert und als Ziel und Höhepunkt der Entwicklung angepriesen. Das alles bildet den Nährboden für Chaos, Zerstörung und Niedergang. Konkurrenzkampf, Mangeldenken, Dominanz und Manipulation sind an der Tagesordnung. Bei starker Ausrichtung auf das Eigeninteresse entbrennt ein Kampf um Ressourcen, die als beschränkt angesehen werden. Das Prinzip des Dschungels mit der Macht des Stärkeren findet sich in unterschiedlichen Ausformungen wieder. Interessensgruppen und Lobbying sollen den eigenen Anteil am „Kuchen" sichern. Die Welt wird aufgeteilt nach Einflusszonen. Ungerechtigkeit und Diskriminierung nehmen zu. Andererseits werden Gerechtigkeit und Gleichwertigkeit bloß als ausgewogene Aufteilung des „Kuchens" interpretiert, um den ein heftiger Kampf entbrannt ist. Gleichzeitig zerstört genau dieser mit allen Mitteln geführte Kampf die Ressourcen selbst, und man läuft Gefahr, letztlich auf beiden Seiten als Verlierer dazustehen.

Der Reifestufe der Menschheit jedoch können nur Ordnungssysteme entsprechen, die bei den Mitgliedern ein hohes Maß an Verbindlichkeit und Mitverantwortung für das Wohlergehen des Ganzen voraussetzen. Das Bewusstsein der Zugehörigkeit zu einer höheren Ebene der Gemeinsamkeit stellt die Grundlage der Einheit dar, während aus der Qualität der Zusammengehörigkeit Frieden, Kooperation und Sicherheit erwachsen. Vielfalt wird begrüßt und Gleichwertigkeit und Gerechtigkeit ergeben sich aus der uneingeschränkten Zugehörigkeit zur weltweiten Menschheitsfamilie. Es geht um das Denken einer grundsätzlichen Gleichwertigkeit aller, ob unterschiedliche Rassen, Nationen, soziale Schichten, ob Männer, Frauen oder Kinder. Nicht Kampf, Widerstreit und Mangeldenken prägen das Bild sondern Zusammenarbeit, Beratung und ein Denken in Fülle.
(Vgl. Poostchi, 2007.)

Emotional Intelligent: Ethik

Bruce Weinstein, Unternehmensberater und in Fernsehshows als „Ethics Guy" bekannt, gibt dem neu gewählten Präsidenten der USA, Barack Obama in der Business Week vom 4. November 08 folgende Prinzipien mit auf den Weg: „•Do no harm, • Make things better • Respect others • Be fair • Be compassionate!"

Er begründet diese fünf simplen Regeln mit der Tatsache, dass diese in allen Weltreligionen vorkommen.

„These principles reveal the secret to living a rich, satisfying, and happy life, and we have known about them for more than 5,000 years. Every religious tradition in the world teaches them, as do parents in every country. Without them civilization would be impossible because there would be nothing but chaos everywhere. These principles have a transforming effect on who we are and where we go in life, and for that reason, we can rightly refer to them as 'life principles.' "

Er spricht eigentlich Selbstverständlichkeiten aus, dass wir diese Prinzipien brauchen, um Wandlungsfähigkeit leben zu können. Es bewegt, warum diese Regeln zwar bekannt sind, aber dennoch so oft ignoriert werden. Der Ansatz von ECIT versucht das gleiche: Lehrende zu überzeugen, dass es sich lohnt, eine integrierende Ethik in der Lehre zu leben.

Ein weiteres Zitat von Bruce Weinstein postuliert, dass es zu einem erfüllten Leben führt, wenn wir Ethik als zentrale Herausforderung und Bemühung des täglichen Lebens betrachten. Er formuliert:

"Central to Happiness. What we'll discover, however, is that making ethics our central concern is actually the best way to lead a richer, more fulfilled life. A life that helps us get the things we want: a job we love, the right partner, and a comfortable place to live. By taking ethics seriously, we serve as role models to our children and increase the chances that they will go into the world and make us proud."
(Source: www.businessweek.com/managing/content November 6, 2008.)

Der Prozess des Aufbaus zur Reifestufe der Menschheit bildet eine geistige und moralische Herausforderung und bedingt geistige Selbständigkeit und das Bewusstsein der Einheit.

3.3 Emotionale und soziale Intelligenz versus studentisches Versagen?

„Der Satz Descartes ‚Cogito ergo sum' – ich denke, also bin ich! polarisiert. Es ist der am meisten diskutierte Satz in der Philosophie. Descartes verfolgt eine ontologische Richtung, die teils im Sinne der Scholastik und ihrer Autoritäten und teilweise gegen sie gerichtet, verläuft. Und da fängt das Faszinierende an Descartes an. Er macht etwas vollkommen Neues und bleibt im Kern vielem Alten treu. Seine Radikalisierung des Zweifels hebt die Seinsfrage auf eine neue Stufe. Dabei geht es allerdings nur um Sein oder Nichtsein".
(Quelle: www.descartes-cogito-ergo-sum.de vom 5. August 07)

Dieses Faszinierende ist auch der Anspruch der Emotional und Kognitiv Intelligenten Lehre: Etwas Neues aus der Verknüpfung von Emotion und Kognition zu machen! Einen Stoff so zu bringen, dass Emotionen geweckt werden. Es ist eine Illusion zu glauben, dass ein sachlicher Stoff nur sachlich gebracht werden kann. Dieser Unterricht ist fad, dieser Unterricht langweilt und quält Studierende.

Die Zutaten eines wunderbaren Unterrichtes sind bekannt. Es ist der Witz, der Humor, der Charme! Eine Lehrerin, ein Lehrer soll begeistern können. Sie/Er kann nur dann begeistern, wenn sie/er selbst begeistert ist.

Weiters ist es die Gerechtigkeit, die eine Lehrerin/einen Lehrer zu einer/m guten Lehrerin macht. Alle wünschen sich die beste Lehrerin, den besten Lehrer für die eigenen Kinder.

Das dritte Element ist ein sozialer Wert. Es ist die Zugehörigkeit, die Menschen brauchen, um sich in einer Gemeinschaft, in einer Klasse, in einem Hörsaal wohl zu fühlen.

Lehrende können dieses Gefühl der Gemeinschaft, der Zugehörigkeit schaffen, wenn sie neben ihrer fachlichen Kompetenz auch emotionale Kompetenz besitzen.

Für Studierende geht es nicht nur im ontologischen Sinn um Sein oder Nicht-Sein, sondern vor allem im praktischen, wenn sie eine Prüfung nicht bestehen und folglich die Fortsetzung des Studiums in Gefahr ist. In Wahrheit bedeutet schulisches Versagen oft ‚nur', dass Studierende einen kognitiven Stoff nicht zur richtigen Zeit abrufen und reproduzieren konnten. Viele berichten, dass es die Angst war, die sie nachhaltig gelähmt hat.

„Ich habe das Medizinstudium gewechselt, weil ich versagt habe", ein 21-jähriger Pharmaziestudent, der zusammen mit weiteren 57 % der Studierenden eine Prüfung des ersten Abschnitts Medizin nicht geschafft hatte. Der Prüfer hatte von vornherein bekanntgegeben, dass er sich nie von ihnen medizinisch behandeln lassen würde, weil sie nichts könnten. Die Mehrheit der Studierenden hatte im Grunde keine gerechte Chance. Sie waren zu viele und mussten ausgesiebt werden. Das funktioniert am besten mit einem schriftlichen Test, dessen Resultate den einzelnen Studierenden schriftlich zur Kenntnis gebracht wird. Auf Befragen der Studierenden nach der Methodik/Didaktik des Unterrichtes gaben sie an, dass sie das Gefühl hätten, dass sich ca. 95 % der Lehrenden keine Gedanken machten und keine Mühe gäben, ‚emotional und kognitiv intelligent' zu unterrichten. Sie stuften nur 5 % der Lehrenden so ein, dass sie zusätzlich zum Stoff etwas von der Persönlichkeit der Lehrenden mitnehmen konnten.

Dabei ist Versagen oder Brillieren in der Schule eine zentrale Botschaft für jeden Menschen für sein zukünftiges Leben. Die Schule oder einzelne Lehrende formen die sich festsetzenden Glaubenssätze, die wieder zentral darüber entscheiden, ob jemand an sich und seine Fähigkeiten glaubt, oder ob sie/er ‚weiß', im Sinn von fest daran glauben, dass sie/er dumm ist und sich folglich nichts mehr zutraut.

Ein Beispiel, dass diese in der Schule von Lehrpersonen getätigten Prägungen langhaltig nachwirken, ist der österreichische Sänger Reinhard Fendrich, der bei einem seiner großen Open- Air-Konzerte auf der Burgruine Finkenstein sagte, dass er bei diesem Lied an seinen ehemaligen Deutschprofessor denke. Dieser hatte ihm im Gymnasium gesagt, dass er niemals Deutsch können würde und aus ihm nichts werde. Er widmete ihm diesen Song, weil ihm dieser Deutschprofessor viele Jahre später einen Brief geschrieben hatte, in dem er seine damalige Meinung korrigierte und ihm zu seinen Texten gratulierte.

3.3.1 Soziale Intelligenz

Daniel Goleman belegt diesen Einfluss, den wichtige Personen, zum Beispiel Lehrende, in unserem Leben ausüben, mit seiner Studie über neuronale Netzwerke in seinem Buch über „Soziale Intelligenz".

„Wenn jemand seine giftigen Gefühle über uns ausgießt – wenn er wütend wird, Drohungen ausstößt, Missfallen oder Verachtung äußert -, dann aktiviert er in uns neuronale Verbindungen, die dieselben negativen Emotionen hervorrufen. Sein Verhalten hat erhebliche neurologische Wirkungen, denn Gefühle sind ansteckend."
(Goleman, S. 24)

Was ist es nun, das den Widerspruch zwischen jemanden mies behandeln und selbst wertschätzend, mit Achtung und Respekt behandelt werden wollen, ausmacht? Es ist wahrscheinlich der Mangel an ‚emotionaler' oder vielmehr noch an ‚sozialer Intelligenz'. Beide Begriffe wurden durch Daniel Goleman einer breiten Öffentlichkeit zugänglich und fanden auch außerhalb der ‚scientific community' ihren Niederschlag.

„Die Wissenschaft schreitet durch fruchtbare und provokative neue Ideen voran, nicht durch das sterile Festhalten an Dogmen. Ich hoffe, dass ich durch das hier entwickelte neue Verständnis sozialer Beziehungen und das Konzept des sozialen Gehirns eine ähnliche Vielfalt an Studien auslösen kann. ... Wie in meinem Buch über emotionale Intelligenz möchte ich hier ein neues Paradigma der Psychologie und ihrer logischen Partnerin, der Neurowissenschaft, vorstellen. Der Begriff ‚emotionale Intelligenz' ist bei manchen Psychologen auf Widerstand gestoßen, andere haben sich seiner bedient; vor allem Psychologiestudenten haben ihn aufgegriffen und zum Thema ihrer eigenen Forschung gemacht."
(Goleman, S. 503)

„Bei meiner Beschäftigung mit der emotionalen Intelligenz ging es mir um die Möglichkeiten, die wir als einzelne besitzen, um die Fähigkeit, mit unseren Gefühlen umzugehen, und um unser inneres Potential zur positiven Gestaltung von zwischenmenschlichen Beziehungen."
(Goleman, S. 10)

EKIL's Anspruch ist es, die großen Fähigkeiten, die wir als einzelne besitzen, zu aktivieren und deren Macht zu erleben.

3.3.2 Emotionale Intelligenz

Daniel Goleman löste mit seinem 1995 erschienenen Buch über ‚Emotionale Intelligenz' eine Welle der wissenschaftlichen und nichtwissenschaftlichen Auseinandersetzungen aus; es ging und geht um Beziehungen, die gut tun und die weniger gut tun, aber nichtsdestotrotz einen massiven Einfluss haben.
Die beiden Forscher, Matthew Lieberman an der UCLA, University California Los Angeles, und Kevin Ochsner an der Columbia University trugen seit Erscheinen ihres Artikels in der Fachzeitschrift American Psychologist 2001 viel dazu bei, eine neue Wissenschaft unter dem Begriff „Social Cognitive Neuroscience" entstehen zu lassen und so zu inspirieren, dass es in einem Jahrzehnt gelang, dass die soziale Neurowissenschaft als Disziplin ernst genommen wurde.
(Vgl. Lieberman, M. und Ochsner, K., S. 717-734)

Eine der Kernaussagen von Daniel Goleman ist die, dass unser Gehirn ein ‚geselliges Organ' ist. Biologisch ist der Mensch eine ‚Frühgeburt' im Vergleich zu anderen Säugetieren, die am Tag ihrer Geburt aufzustehen in der Lage sind, um sich von der Mutter die Leben spendende Milch zu holen. Babys sind nicht dazu in der Lage. Was für den körperlichen Bereich gilt, gilt auch für den psycho-sozialen Bereich, der ebenso im Gehirn angelegt ist. Kinder würden bei bester Nahrung sterben, wenn sie nicht berührt würden und wenn mit ihnen nicht gesprochen werden würde.
(Goleman, S. 9)

„Das Bedürfnis nach Kontakt ist gewissermaßen in uns eingebaut. Die Neurowissenschaft hat herausgefunden, dass unser Gehirn als geselliges Organ konstruiert ist, das unweigerlich eine enge Verbindung mit dem Gehirn jeder Person aufnimmt, mit der wir es zu tun haben. Diese neuronale Brücke ermöglicht es uns, auf das Gehirn – und damit auch auf den Körper – eines jeden Menschen Einfluss zu nehmen, mit dem wir in Kontakt treten; ein Prozess, der in der umgekehrten Richtung natürlich ebenfalls stattfindet."
(Goleman, S. 9)

Diese Tatsache ist im Positiven gut, darauf basiert die Arbeit von Psychotherapeutinnen und Psychotherapeuten, die damit ihren Klientinnen und Klienten etwas Positives mitgeben und einen Schritt in Richtung Heilung zustande bringen.

Im Negativen gibt es die Möglichkeit, sich nicht auf die gleiche Stufe der negativen Emotion zu stellen, sich dagegen zu wehren, in die Emotion der Wut, der Drohung hineingleiten zu lassen. Der Individualpsychologe Erik Blumenthal beschreibt die Autonomie der Gefühlswelt so:
„Ein Tier reagiert auf Reize seiner inneren und äußeren Umgebung. Der Mensch kann selbstverständlich auch reagieren, aber wichtiger ist für ihn das Agieren, das Handeln. Solange ich nur auf anderes oder andere reagiere, mache ich mich abhängig. Erst durch Handeln, für das ich mich selbst entschieden habe, kann ich frei werden zur richtigen Bewegung, zur richtigen Einstellung, zum richtigen Tun."
(Blumenthal, S. 109)

Erik Blumenthal ging es um die Freiheit des Menschen, um seinen Wert, um seine Würde, um seine Selbstbestimmung. Er widmete sein Leben, Menschen in vielen Seminaren und Psychotherapiestunden genau das zu vermitteln, was es ihnen in ihrer individuellen Lebenspraxis leichter machte, ihre Hindernisse zu überwinden, Lösungen für ihre Probleme zu finden und ‚neue Wege zu ihrer inneren Freiheit' zu gehen.

Die ‚begeisterte' (Eigendefinition) Lehrerin, Lehrerausbildnerin, Sprach- und Kommunikationstrainerin, Pearl Nitsche, die als gebürtige Amerikanerin seit mehr als 30 Jahren in Wien lebt, macht sich diese neuronalen Verbindungen (Spiegelneuronen) zwischen Schülerinnen und Lehrerin in der Klasse zunutze.
(Vgl. Nitsche, P.)

Pearl Nitsche ist authentisch, wenn sie Lehrenden in ihren Seminaren das Rüstzeug und die Techniken mitgibt, die sie befähigen, mit mehr Freude und weniger Stress zu unterrichten und in der Klasse Führung auszuüben, im Gegensatz zum Gefühl der Ohnmacht und Hilflosigkeit vieler Lehrenden in Österreich.

Pearl Nitsche war von 1998 bis 2006 eine der beliebtesten und meist geschätzten Lehrbeauftragten des Pädagogischen Institutes in Kärnten, wo ihre Seminare ‚Nonverbales Klassenzimmer Management' immer ausgebucht und die Rückmeldungen phänomenal waren.

Die beiden Sozialpsychologen Judith Hall und Dane Archer bestätigen die Macht des Nonverbalen mit den Ergebnissen des PONS-Tests, kurz für ‚Profil der nonverbalen Sensivität'.
(Vgl. Hall, J. A.)

Proband/inn/en wurden Photos von Personen oder Bilder von Szenen vorgelegt. Sie sollten erkennen, welche Emotionen im Spiel waren und sollten sie benennen. Die Menschen, die bei diesen Tests gut abgeschnitten hatten, wurden als zwischenmenschlich sensibel eingestuft. Wenn die Versuchspersonen Lehrerinnen oder Lehrer waren, galten sie als gute Lehrerinnen oder Lehrer und hatten Erfolg im Unterricht.

Als Lehrende, als Lehrender, habe ich die Chance und die Möglichkeit, Kindern und Jugendlichen durch Kenntnis der globalen Verhältnisse, wie sie Jean Ziegler und andere belegen und schildern, gegen diese etwas zu tun; und zwar Bewusstsein zu erzeugen: ein Bewusstsein für Gerechtigkeit, ein Bewusstsein für menschliche Würde und letztendlich ein Bewusstsein, dass es nur *eine* Welt gibt, deren *einzige* Bewohnerinnen und Bewohner wir sind.

Ein Ausspruch eines Lehrerkollegen (Jahrgang 1953) aus dem Burgenland: „Früher wussten wir, wann wir zum Mittagessen nach Hause gehen mussten. Die Glocken läuteten um 12:00 Uhr zu Mittag und Mutter wartete mit dem Essen. Heute ist kein Stein mehr am anderen."

Der Mangel an klaren Regeln fehlt den Kindern. Sie haben keine Handlungsanleitung; das Abgleiten in verderbliche Gewohnheiten ist leichter; die Selbstdisziplin wird nicht mehr geübt und deswegen auch kaum mehr beherrscht. Dieser Zustand wird mit dem zweifelhaften Prädikat ‚Spaßgesellschaft' bezeichnet. Es ist das Streben nach schneller Befriedigung körperlicher Wünsche. Die Spaßgesellschaft ist der Nährboden für Ignoranz, Wegschieben, und das Verschließen der Augen vor der Not anderer Menschen, wie das Jean Ziegler beschreibt.

„Viele Westeuropäer, die genau Bescheid wissen über das Leiden hungernder Afrikaner oder arbeitsloser Pakistani, ertragen in ihrem tiefsten Inneren nur schwer die tagtägliche Komplizenschaft mit der kannibalischen Weltordnung. Sie empfinden ein Gefühl der Schande, das sogleich von einem Gefühl der Ohnmacht überdeckt wird. Aber nur wenige finden den Mut - … - sich gegen diesen Stand der Dinge aufzulehnen. … Die stark verschuldeten Völker Afrikas seien ‚faul', heißt es immer wieder, ‚korrumpiert', ‚unverantwortlich', ‚unfähig', eine autonome Wirtschaft auf die Beine zu bringen, …
Doch die Schande verschont auch die Herrscher nicht. Sie sind sich der Konsequenzen ihres Handelns vollkommen bewusst: Sie wissen genau um die Zerstörung der Familien, das Martyrium der unterbezahlten Arbeiter und die Verzweiflung der ‚unrentablen' Völker."
(Ziegler, S. 12)

Das Zitat beschreibt den Zustand der Welt, die Ungerechtigkeit, die Kluft zwischen reich und arm, die Kluft zwischen Existenz und Verderben. Das Buch Jean Zieglers endet damit und gibt keine Hoffnung.

3.3.3 Konsequenzen für EKI - Lehren

Für den Unterricht bedeutet der Befund des geselligen Gehirns, dass der ‚Geselligkeit' Raum gegeben werden muss; sei es in Form von Partner-, Team-, oder Gruppenarbeiten.

Wir als Lehrende haben das Fachwissen, um kognitiv Inhalte aus unserem Fachgebiet zu lehren. Wenn wir das tun, können wir nicht umhin, ganzheitlich als Menschen zu handeln. Wir sind als Mensch präsent mit allen Emotionen, mit allen Fähigkeiten und Fertigkeiten, aber auch Bedürfnissen als soziale Wesen, mit allen Qualifikationen und unserem Rang in der Gesellschaft, mit unserem Stellenwert für unsere Studierenden.

„Die Wahrheit ist den Menschen zumutbar!" sagt Ingeborg Bachmann.

Es ist Lehrenden nicht nur zumutbar, es ist sogar unabdingbar notwendig, dass sie Stellung beziehen und etwas von sich mitgeben, bewegen. Sie haben es in der Hand, durch ihr emotionales Wissen Vorurteile bei Studierenden abzubauen, Gedanken, wie sie Jean Ziegler generiert, mit einfließen zu lassen, und so die Welt ein wenig zu einem besseren Platz zu machen, als er vorher war.

Was erzeugt Betroffenheit und wie erzeuge ich Betroffenheit?

Emotional & Kognitiv Intelligente Lehre: positive Gefühle

Mit Empathie und Liebe, mit Angst und Drohung oder mit Enthusiasmus, wie es der Dekan der Fakultät für Bildung und Erziehung an der City University New York, Alfred Posamentier formuliert:

"If we ever want to change the results of mathematics achievement at the elementary school level, we must focus on arousing the teachers' enthusiasm for mathematics, which will then motivate them to enhance their knowledge. Nothing is as important as the teacher's contagious enthusiasm for the subject he or she is teaching. What you have, then, is a well-prepared and enthusiastic elementary school teacher. Only this will break the vicious cycle of this pervasive dislike for mathematics."

Auch Alfred Posamentier argumentiert bei der Betrachtung der letzten 50 Jahre Bildungsgeschichte, dass wir in einem Teufelskreis stecken, der nur durch neues Denken durchbrochen werden kann.

Die PLANET Life University, die am 20. Juni 2004 eröffnete Bildungseinrichtung des Club of Budapest will mit dem Begriffsteil „Life University" einen neuen Gattungsbegriff schaffen für ein rundum integriertes Bildungsverständnis. Die Angebote werden für drei Ebenen angeboten:
- Offene Impulse für alle
- Akademische Kompetenzen
- Management - Kompetenzen mit den inhaltlichen Schwerpunkten
- Lernen auf der Stufe der grundlegenden Potentiale des Menschen („das Lernen lernen")
- humane Gestaltung der Globalisierung
- ethisches und systemisch - ganzheitliches Denken in allen Wissensgebieten.

Ervin Laszlo, Gründer der systemischen Evolutionsforschung und Mitbegründer des Club of Budapest, bietet in seinem umwälzenden Buch „Science and the Akashic Field – An Integral Theory of Everything" eine Einführung in die Weltsicht, die sich aus den neuesten Ergebnissen der Physik, Biologie und Humanwissenschaften ergibt – eine Weltsicht von größter Bedeutung für unser Leben und von einer überraschenden Richtung: Sie stimmt mit uralten zentralen Sichtweisen der Weltreligionen über die Natur des Lebens und des Universums überein. Die jüngsten Entdeckungen der Grundlagenforschung bedeuten damit vor allem auch einige grundlegenden Änderungen im westlich-wissenschaftlichen Weltbild des 20. Jahrhunderts: Der künftige Blick auf die Welt muss diese als zutiefst in allen ihren Erscheinungen miteinander verbundene und kohärente Welt wahrnehmen, in der nichts verloren geht, in der alles, was bisher geschah und künftig geschehen wird, erhalten bleibt, in der das Vergangene Teil der Gegenwart und beides zusammen „Information" für die Zukunft ist. Es ist eine Welt, in der der Mensch kein isoliertes Individuum ist, sondern ein organisch verbundenes Teil in einer durchgehend informierten und von „Erinnerungen" angereicherten Realität des Universums. Erinnerung, Information und Kohärenz sind die wesentlichen Merkmale der neuen wissenschaftlichen Weltsicht.
(Vgl. Laszlo, 2005.)

Der Club of Budapest wurde begründet, um „Visionen für ein besseres Morgen" zu liefern.

2006, zwei Jahre später, schlossen sich zwölf Bildungseinrichtungen, Unternehmen und Verbände zusammen und verabschiedeten die „Bodensee Charta“:
„Jeder Mensch ist ein potentieller Unternehmer seiner eigenen besten Visionen und Potentiale. Und jeder Mensch muss in allererster Linie da befähigt werden, diese als Lebensunternehmer möglichst eigenverantwortlich auszugestalten.“
(„Bodensee Charta“ unter www.terranetwork.org. vom 26.09.2006)

‚Etwas unternehmen' hat im Deutschen einen guten Klang. Es verheißt Initiative, etwas über den Alltag hinaus tun, man erhofft etwas Spannendes, Bereicherndes.

Professor Günter Faltin von der Freien Universität Berlin stellt die berechtigte Frage, ob unser tradiertes, auf Sicherheit abzielendes Bildungssystem die Anforderung, auch selbst die Voraussetzungen zu schaffen, Absolventen die Kompetenz mitzugeben, ihren eigenen Arbeitsplatz, oder, noch besser, neue Arbeitsplätze durch neue Unternehmen zu kreieren. Neue Ideen brauchen Orte, die Offenheit, neue Sichtweisen und Experimente ermöglichen; kurz, um die Fähigkeit zur Neukombination! Ein Komponist kann auch nicht alle Instrumente im Orchester spielen; es geht vielmehr um die Abstimmung und Koordination der einzelnen Instrumente; in einem Unternehmen um die Fähigkeit, die Potentiale von Menschen zu erkennen und zu fördern. Das war von jeher das Anliegen guter Pädagogik.
(Faltin, In: Leistung – Lust & Last., S. 78 – 106)

“Where do I as an individual fit into the global competition?“ fragt Thomas L. Friedmann, der dreifache Pulitzer Preis Gewinner und Preisträger des “Business Book of the Year Award“ in seinem Buch “The World is Flat”. Er postuliert, dass die, die in der Vergangenheit stecken bleiben und Veränderung ablehnen, tiefer in Versachlichung hineingezwungen werden. Er prophezeit, dass diejenigen, die Werte durch Führung, Beziehungen und Kreativität zu schaffen imstande sind, sowohl die Industrie transformieren werden, als auch Beziehungen mit ihren existierenden Klienten stärken werden. Er zeigt ultimativ, dass Wissen, eben Kompetenzen, und Ressourcen, qualitätsvolle Ressourcen, den Planeten verbinden, und zwar in einem Ausmaß wie niemals zuvor. Diesen Vorgang der Verbindung bezeichnet er als „flattening“ und sieht darin eine ungeheure Chance für die Erde.
(Friedman, S. 11)

Friedmann lässt den indischen CEO Rao, dessen Firma MphasiS 2003 25.000, 2004 100.000 und 2005 400.000 amerikanische Steueranträge bearbeitete, die ausgelagert worden waren, beispielhaft zu Wort kommen:

„We are doing several thousand returns“, said Rao. “What's more, your CPA in America need not even be in their office. they can be sitting in a beach in California and e-mail us and say, ‘Jerry, you are really good at doing New York State returns”.
(Friedman, S. 13)

“If you are an American, you better be good at the touchy-feely service stuff”
(Friedman, S. 15)

Der EU-Kommissar für Forschung und Entwicklung betonte bei der Eröffnung des Lakeside –Technologie - Parks Klagenfurt 2005, dass die Chance des Wirtschaftsstandortes Österreich im Humankapital, in gut ausgebildeten Menschen liege. Große Konzerne tendieren dazu, arbeitsintensive, weniger qualifizierte Arbeiten auszulagern. Das Beispiel USA / Indien zeigt diesen globalen Trend. Einzig der Humanbereich kann nicht ausgelagert werden. Das meint Friedmann mit dem „touchy feely service stuff."

3.4 Führung als Wert wahrnehmen

„Wir haben eine wichtige Aufgabe [als Lehrerin] und diese Aufgabe ist es, die Klasse zu führen. Und wenn sie einen Schritt zurücknehmen und das Verhalten Ihrer Klasse und sich selbst beobachten, werden Sie merken, dass die Klasse für sie ein Spiegel ist. Wie Sie sich verhalten, verhält sich die Klasse. Die Klasse spiegelt das Verhalten der Lehrkraft wieder! Das heißt, wenn Sie lebhaft sind, sind die Schüler lebhaft.
Wenn Sie ruhig sind, sind sie ruhig.
Wenn Sie viel reden, werden Sie eine redefreudige Gruppe haben."
(Nitsche, S. 18)

Lehrende sind Führungspersönlichkeiten, die über ein hohes Maß an Werten und Kompetenzen, wie kommunikativer, strategischer, sozialer, interkultureller und Wissenskompetenz, verfügen müssen, um erfolgreich sein zu können.
(Vgl. Fanta, 2006b.)

Würden diese Kompetenzen zum Wohle der Menschen und nicht zur Prolongierung der Krise, von der Ervin Laszlo spricht, eingesetzt, würden wir
„erkennen, dass ein Übergang zu neuen Bedingungen sowohl lebensnotwendig ist als auch nahe bevorsteht. Die Wurzeln der Krise der Welt liegen in der Anspannung, der Not und der tiefen Wut von Millionen, ja Milliarden von Menschen. ... Mit dem 11. September 2001 trat die Welt in eine neue Phase der Krise ein. ... Diese Akte waren lediglich ein besonders dramatisches Symptom der Krise."
(Laszlo, 2003, S. 18)

Der Befund des Begründers des Club of Budapest stimmt mit den Kernaussagen von österreichischen Führungspersönlichkeiten[1] aus Wirtschaft, Politik Justiz, Sport und Religion überein, dass Kompetenzen nur in Einklang mit einem starken Wertesystem zum Einsatz kommen und wirken.
(Vgl. Fanta, 2006. [1]Zu den 1997/98 interviewten Führungspersönlichkeiten zählten:
DI Dr. Hans Jörg Tengg, Geschäftsführer des 1997 neu gegründeten Max Mobil;
Dr. Faramarz Ettehadieh, Mehrheitseigentümer der Cordial Hotelkette, Gründungsvater der Two Wings Foundation,
DI Dr. Klaus Woltron war Generaldirektor der Simmering –Graz – Pauker (1985-88) und seit 1994 selbständiger Unternehmer, d.h. geschäftsführender Gesellschafter mehrerer GmbHs.
Dr. Udo Jesionek, Präsident des Jugendgerichtshofes bis 2003, Hon. Professor für Jugendstrafrecht und Strafvollzug.
Dr. Reinhold Stecher, Bischof von Innsbruck.
Dr. Eva Lichtenberger, EU Abgeordnete.
Mag. Toni Innauer, Direktor ÖSV – Nordische.)

3.5 Zentrale Werthaltungen für emotional/sozial & kognitiv intelligente Kompetenz

Werthaltungen für jegliches soziales Handeln sind Respekt allen Menschen gegenüber, persönliche Bescheidenheit, den Glauben, das Beste in anderen Menschen zu sehen und zu fördern.

Das Bedürfnis, der innere Wunsch,'zu aller erst verstehen zu wollen, als verstanden zu werden' bedeutet, den Respekt anderen Menschen gegenüber zu leben und ist Ausdruck einer hohen kommunikativen Kompetenz.

Pünktlichkeit, gutes Zeitmanagement und Selbstdisziplin, die kleinen Schritte präzise und folgerichtig zur Erfüllung des großen Zieles zu gehen, sind unabdingbare Voraussetzungen für strategische Kompetenz.

Neugier und Interesse an Neuem sind zentrale Haltungen für die permanente Erweiterung der Wissenskompetenz.

Charisma, Ausstrahlung, Humor resultieren aus der Werthaltung des Selbstrespekts und der Selbstachtung. Sie führen zu hoher sozialer Kompetenz, die mit Führungskompetenz gleichgesetzt werden kann.

Toleranz, Bereitschaft und Neugier zum Verständnis fremder Kulturen, gleichzeitig das Unterlassen von frühzeitigen Urteilen über fremde Sitten und Gebräuche, und der starke Wille, soviel an Wörtern und Gesten in einem fremden Kontext zu lernen, dass damit die Bereitschaft, einen Schritt entgegenzugehen und die Achtung vor der Sprache der Fremden machtvoll dokumentiert wird.

Der Kommunikationsberater Stephen Covey sagt in seinem auflagenstarken Werk „Die effektive Führungspersönlichkeit", dass nur persönliche Glaubwürdigkeit Vertrauen bei Untergebenen generiert. Er formuliert, „trustworthiness triggers trust!"

Er weist auf die Tatsache hin, dass Menschen und Zivilisationen sich immer dann entfalten und aufblühen konnten, wenn sie nach den richtigen Prinzipien lebten. Umgekehrt liegen an der Wurzel gesellschaftlicher Zerfallserscheinungen immer Verhaltensweisen, die diesen Prinzipien zuwiderlaufen.
(Vgl. Covey)

Wir wissen, dass es lange Zeit braucht, um stabiles Vertrauen aufzubauen. Das Gegenteil, es zu zerstören, ist in ganz kurzer Zeit möglich.

Eine schöne Metapher aus Tibet sagt:
„Ein Baum, der fällt, macht mehr Krach als ein Wald, der wächst!"

Negative Emotionen zerstören, positive Gefühle bringen Leben und Aufbau!

3.5.1 Initiativen / globale Konzepte der Hoffnung

Dennoch bildeten sich in den letzten zwei, drei Dekaden durchdachte hoffnungsvolle Konzepte, die das Potential der Veränderung in sich tragen. Eines davon ist das System der Mikrokredite, die Muhammad Yunus aus Bangladesh erfand. In den letzten 3 Dekaden gelang es ihm, um die 40 Millionen Frauen aus der absoluten Armut zu befreien. Er erhielt dafür den Friedensnobelpreis. Er beschreibt den langen Weg und die vielen persönlichen Opfer, die er und seine Mitarbeiterinnen erbringen mussten, um die Frauen aus dem Denkmuster, dass sie geringeren Wert hätten als die Männer zu befreien. Er beschreibt die vielen Stunden, die sie vor einer Hütte standen und das Konzet der Mikrokredite erklärten, und trotzdem dort blieben, obwohl sie niemanden sahen. Sie sahen allerdings Bewegung hinter den Vorhängen. In Bangladesh darf eine Frau einen fremden Mann nicht empfangen und nicht mit ihm reden. Es bedurfte wieder und wieder Zeit, um den Frauen den Mut zu geben, die Verantwortung für einen Kredit zu übernehmen. Das Buch ist eine Autobiographie und beschreibt das Lebenswerk von Muhammad Yunus. Es ist ein Buch der Hoffnung und des Erfolges.
(Vgl.: Yunus, 2003.)

Ein zweites Konzept der Hoffnung ist dies der Two Wings Stiftung. Die UNICEF–Botschafterin Waris Dirie aus Somalia erhielt den Two Wings Preis, einen Friedenspreis für besondere Leistungen für die Einheit der Welt. Waris Dirie erhielt ihn 2004 für ihren Kampf gegen die weibliche Genitalbeschneidung, gegen die unsägliche Grausamkeit der ‚Female Genital Mutilation' FGM, bekam.
Nach dem offiziellen Festakt fragte Waries Dirie die Autorin, was sie von Beruf sei. Als sie die Antwort hörte, dass sie in der Lehrerinnen–Fortbildung sei, bat sie sehr ernsthaft, "that is a beautiful and important job, you reach a lot of people. Please pass my message on; they all have to know about it in order to have more people fight against it, and eventually abolish it!"

"Nichts ist erfolgreicher, erfrischender, erfüllender, liebenswerter und lebenswerter als Menschlichkeit"
(Ettehadieh, 1998, Titelseite.)

Und nichts ist vergnüglicher, als Menschen verschiedener Völker und Kulturen Freunde zu nennen und heraus zu finden, dass alle unsere Träume wahr werden können, wenn wir nur den Mut haben, sie zu verfolgen. Eine Ethik zu erwerben, die mich als Menschen auszeichnet und die der Menschheit dient, ist eine persönliche Angelegenheit und ein Auftrag an mich selbst. Wenn dieser Auftrag im alltäglichen Leben geübt und Erfolg hat, bedeutet das für den einzelnen Glück, Zufriedenheit, Erfolg.

4. Ziele und Nutzen der der Emotional / Sozial & Kognitiv Intelligenten Lehre - EKIL

Jeglicher Ziel- und Leistungsplan muss beschrieben werden, um erreicht werden zu können.

Weiterqualifizierung der einzelnen Lehrenden in einer Bildungsinstitution mit der Verknüpfung der Emotional / Sozial & Kognitiv Intelligente Lehre EKIL stellt den Nutzen auf Level 1 des Humankapitals dar.

Die Institutionen können sich extern positionieren. Die Matrix ist als Dynamik in der Lage, Wirkungszusammenhänge, kritische Faktoren in einem System darzustellen. Sie trägt somit zur Weiterentwicklung und zur Gesamtqualität des Systems bei. Dies stellt das Qualitätspotential auf Level II dar.

Die Einbindung mehrer Bildungseinrichtungen lässt Synergieeffekte und wertvolle Netzwerke entstehen. Dies stellt das Potential auf Level III dar.

Die (westliche) Welt wird nur mit dem Faktor „Humankapital" und dessen Lern- und Änderungsfähigkeit überleben.

4.1 Ziel: ‚Flow' und Glück

Im Bundes-Verfassungsgesetz werden sieben Eigenschaften von Kindern als wichtig erachtet. An dritter Stelle steht bereits, dass sie zu **„glücklichen"** Menschen erzogen werden sollen.

Bundes-Verfassungsgesetz, BGBl. Nr. 1/1930, Art. 14 Abs. 5a:

„(5a) ... Im partnerschaftlichen Zusammenwirken von Schülern, Eltern und Lehrern ist Kindern und Jugendlichen die bestmögliche geistige, seelische und körperliche Entwicklung zu ermöglichen, damit sie zu gesunden, selbstbewussten, **glücklichen**, leistungsorientierten, pflichttreuen, musischen und kreativen Menschen werden, die befähigt sind, an den sozialen, religiösen und moralischen Werten orientiert Verantwortung für sich selbst, Mitmenschen, Umwelt und nachfolgende Generationen zu übernehmen. Jeder Jugendliche soll seiner Entwicklung und seinem Bildungsweg entsprechend zu selbständigem Urteil und sozialem Verständnis geführt werden, dem politischen, religiösen und weltanschaulichen Denken anderer aufgeschlossen sein sowie befähigt werden, am Kultur- und Wirtschaftsleben Österreichs, Europas und der Welt teilzunehmen."

„*Flow*. So nennt der amerikanische Psychologe Mihaly Csikszentmihalyi den Prozess des völligen Aufgehens im Leben, des Einswerdens mit einer Tätigkeit, neben der alle anderen bedeutungslos sind."
Das Frankfurter Allgemeine Magazin.

„Gewiss, diese Hochstimmung zu erreichen, ist nicht einfach – *flow* lässt sich nicht auf Knopfdruck abrufen. Aber je stärker die Motivation, je besser man seine Tätigkeit beherrscht und je öfter man die Bedingungen schafft, desto eher stellt sich *flow* ein. Und wer einmal *flow* erlebt hat, der wird ihn auch ein zweites Mal erleben. Und immer wieder."
(Frauenzeitschrift *Marie Claire*)

Diese Definition des Glückserlebnisses wurde für das Autorenteam viele Male Wirklichkeit. Ein besonders eindringliches Erlebnis fand im August 2005 an der Universität Tarapaca in Arica in Chile statt. Die Autorin hielt einen Vortrag über „Emotionally & Cognitively Intelligent Teaching – ECIT", spürte, dass das große Publikum völlig mit ihr mitging, überzog den Vortrag um die Endlosigkeit einer Stunde. Als sie den Vortrag schloss, waren mittlerweile die anderen Vortragenden und der Rektor der Universität dazu gekommen und ließen sich ebenfalls von der positiven Stimmung der absoluten Einheit der Vortragenden mit dem Publikum einfangen. Die Studenten luden die Vortragende für den nächsten Tag, einen Sonntag, ein. Auf Befragen des universitären Kollegiums war es das erste Mal, das Studierende so etwas taten.

Ein Student aus Taiwan, der den Vortrag, miterlebt hatte und das oben beschriebene Flow – Gefühl spürte, gestaltete in der Nacht die Kalligraphie, die nun zur Titelseite wurde. Das bedeutet eine tiefe Verbundenheit und Freude mit den Menschen und mit dem eigenen Tun.

‚The pursuit of happiness', das aktive Verfolgen des Glücks, ist zu einem Feldzug nach ‚wellness' für die einen und ‚fun' für die anderen geworden. Alterskategorien der Definition greifen nicht mehr; eher die Kategorie, wer sich welche „wellness" und welchen „fun" leisten kann. Es ist das oberflächliche materielle Glück, das eher einer Droge ähnelt und von dem ständig mehr konsumiert werden muss, um gespürt zu werden.

Es gibt jedoch eine Sehnsucht des Menschen nach dem Glück, den Csikszentmihalyi mit „Flow" beschreibt. Emotional & Kognitiv Intelligente Lehre ist imstande, dieses Glücksgefühl herbeizuführen.

4.2 Zielvorstellungen, wie Schule sein soll

Eine Definition des ersten Schlüsselwortes ‚Qualität':

„Eine gute Schule ist Ausdruck eines Entwicklungsprozesses", war der Tenor der großen bildungspolitischen Enquete an der Alpen Adria Universität Klagenfurt am 2. Juli 2007, die unter dem Titel „Schule der Zukunft" mit allen Bildungsverantwortlichen des Bundes und Landes unter Einschluss der Frau Bundesminister, vertreten durch den Vorsitzenden der Zukunftskommission, des Landeshauptmannes, der Landesschulratspräsidentin, eines Experten aus dem finnischen Unterrichtsministeriums und eines Vertreters des Bundesrates die Weichen für Reform und Hoffnung trotz aller Ängste stellte. Die Enquete speiste sich unter anderem aus der Quelle der Ergebnisse der PISA - Programme for International Student Assessment – Studie 2003, die für Österreich ein schlechtes Ergebnis repräsentiert und folglich eine lebhafte Bildungsdiskussion entfachte.

(© 2001 Herausgeber PISA Projektzentrum Österreich, Autor, Layout, f.d.I.v: DDr. Günter Haider, Universität Salzburg, 5020 Salzburg, Akademiestraße 26/2. Im Auftrag des Bundesministeriums für Bildung, Wissenschaft und Kultur. Österreichische PISA WWW-Site: http://www.pisa-austria.at und e-mail: center@pisa-austria.at.)

Kinder aus einem Elternhaus, die einen Pflichtschulabschluss haben, haben eine 7%-ige Chance, die Matura zu bestehen, während Kinder, die aus einem Haus kommen, deren Eltern Maturanten sind, haben eine 93%-ige Chance, ebenfalls die Reifeprüfung zu bestehen. Das österreichische Schulmodell, das eine Segregation nach der vierjährigen Volksschule vorsieht, zementiert die Unterschiede mit der Entscheidung der Eltern über ihre zehnjährigen Kinder, welche Schule ab zehn gewählt wird. Der Ruf, der Nimbus, die Unterschiede, die Vorteile, die Nachteile der jeweiligen Schulform der Sekundarstufe I, sei es Hauptschule oder Allgemeinbildende Höhere Schule für die Zehn- bis Vierzehnjährigen ist und sind bekannt.
Auf die Frage der Moderatorin an den Vertreter der Frau Bundesministerin, was er von LehrerInnen erwarte, war die Antwort, dass er einen „spannenden, abwechslungsreichen Unterricht mit Theaterspiel, Laborversuchen." erwarte. Lebenswelt und Schulwelt sollen wieder eins werden. In der Heterogenität liege die Vielfalt und eine große Chance. Deswegen bedürfe es einer gemeinsamen Schule der Sechs- bis Fünfzehnjährigen.

Das bedeutet für den Wirtschaftsstandort Österreich, dass es eine Kluft zwischen Kindern aus privilegierten und unterprivilegierten Schichten gibt. Österreich hat aufgrund seiner Lage und aufgrund seines Mangels an Rohstoffen gesamteuropäisch gesehen nur eine wirtschaftliche Chance, wenn es in den Wertschöpfungssektor der ‚Human Resources' investiert; und das bedeutet Investition in Bildung, in Ausbildung auf allen Niveaus und in Weiterbildung.

4.2.1 Finnland: Lernen als Lebenseinstellung

Der Schulexperte Finnlands, dessen System Schülerinnen und Schüler hervorbringt, die regelmäßig bei PISA[1] sowohl in der Mathematik-Kompetenz, der Lese-Kompetenz, der Naturwissenschaftskompetenz als auch in der Kategorie Problemlösendes Denken in den ersten Rängen sind, begreift Schule und Lernen als Umwelt, die sich den Bedürfnissen der Kinder anpasst. In Finnland gibt es selbstverständlich nur *eine* gemeinsame Schule für alle Kinder. Das System der gemeinsamen Schule existiert seit 30 Jahren und wird von allen mitgetragen. 1964 bis 1968 wurde das integrierte Schulsystem im Parlament beraten. Die Mehrheit entschied sich dafür. 1972 begann die Umsetzung des integrierten Schulsystems in Lappland. Die Verantwortung wurde den Kommunen übertragen. Die Inklusion behinderter Kinder in das Regelschulsystem wurde umgesetzt. Finnland hat die Einsicht, dass es sich nicht leisten kann, auch nur ein Kind zurückzulassen und gleichzeitig Begabungen zu fördern.
Ab den Neunziger–Jahren existiert die Selbstevaluierung der Lehrerinnen ohne Ranglisten statt. Die Fortbildung der Lehrerinnen und Lehrer erfolgt in Netzwerken.

Ab 2005 gibt es neue Rahmenlehrpläne, in denen die Standards für 2015 festgeschrieben sind. Für die Grundschule, 1. - 9. Schulstufe, legen die Standards die Kompetenzen fest, die um das Fachwissen herum notwendig sind, um bestehen zu können. Diese bilden die Norm für die lokalen Lehrpläne.
Die erste Säule bilden 100 Pilotschulen, die die Standards umsetzen.

Die zweite Säule bildet die Initiative, das Lernen zu lernen, oder anders ausgedrückt, Lernen als Lebenseinstellung begreifen.
Die dritte Säule ist die Frage, wie ethische Werte in der Schule sichtbar werden.

Einige Besonderheiten Finnlands sind, dass es in den ersten vier Schuljahren keine Ziffernnoten gibt (in Österreich muss man einen Schulversuch einreichen); dass das psychische und physische Wohlbefinden der Schülerinnen und Schüler prioritär ist, dass es ein warmes Mittagessen gibt, dass es Beraterinnen und Berater an den Schulen gibt; dass seit 1998 alle Schulen am Netz sind.

Der Lehrberuf hat ein hohes gesellschaftliches Image. Jedes Jahr bewerben sich viele junge Menschen, um Lehrerin und Lehrer zu werden; es können nur wenige in die Ausbildung, die an der Universität erfolgt, aufgenommen werden. Für Leistungsbereitschaft und Fortbildung der Lehrenden sind Belohnungssysteme vorgesehen.

Ein Schulkind in Lappland kostet ca. € 12.000,- jährlich, während ein Schulkind in Helsinki € 3000,- jährlich kostet. Bildungsausgaben werden vom Staat und in der Gesellschaft als Investition gesehen!

Der Unterricht ist vielfältig, erfrischend, ermutigend, positiv und lebensfroh!

Mathematik		**Lesen**		**Naturwissenschaft**		**Problemlösen**
PISA 2000	2003	PISA 2000	2003	PISA 2000	2003	PISA 2003
1 JPN	1 FIN	1 FIN	1 FIN	1 KOR	1 FIN	1 KOR 550
2 KOR	2 KOR	2 CAN	2 COR	2 JPN	2 JPN	2 FIN 548
3 NZL	3 NLD	3 NZL	3 CAN	3 FIN	3 KOR	2 HKG 548
						3 JPN 547
				8 AUT		
		10 AUT	10 NOR			
11 AUT						13 DEU 513
	15 AUT					15 AUT 506
		19 CZE	19 AUT	20 DEU	20 AUT	

[1]PISA – Programme for International Student Assessment
(Programm zur Messung und zum internationalen Vergleich von Schülerleistungen).
Quelle: Das Zukunftsministerium BM:BWK. Ergebnisse PISA 2003 Presseunterlagen der Pressekonferenz vom 6.12.2004.

Im Lichte dieser Studie ist Handeln ein Imperativ!
Eine negative Eingrenzung, ist die Aussage eines anonymen Spruches, der sagt:
„Ausbildung ohne Bildung ist wie Wissen ohne Gewissen!"

Österreichische Lehrkräfte geben als Wunschvorstellungen an:
Teamwork sollte leichter möglich sein. Die Vernetzung zu anderen fehlt! Das würde den Erfolg verdoppeln.

Schule sollte ein Ort sein, der Spuren hinterlässt und sich der eigentlichen Aufgabe, der Pädagogik widmet. Parteien sind wie viele Köche, die den Brei verderben.
Es sollte Zielstrebigkeit ohne Blauäugigkeit geben.

Bildung ist kein hochwertiges Gut mehr!
Es sollte *eine* kooperative Mittelschule geben, die Weite und Vielfältigkeit bietet!

4.2.2 Singapur: Lehrende sind Motoren der Veränderung

Majestätisch erhebt sich der Merlion, die 38 m hohe Statue des Löwen (Singa) über Pura (Stadt), den Stadtstaat Singapur. Der Löwenkopf (auf einem Fischkörper) symbolisiert Stärke und Furchtlosigkeit, der Fischkörper den Ursprung aus und die Verbundenheit mit dem Meer, aus dem alles Leben kommt.
Ende Mai 2007 wachte der Merlion über die 1800 Wissenschaftlerinnen, Forscher, Pädagoginnen, Curriculumgestalter, die an der größten asiatischen Konferenz „Redesigning Pedagogy: Culture, Knowledge & Understanding teilnahmen. Die Konferenz fand an der 1955 gegründeten und für ganz Asien bedeutenden und großen Nanyang Technological University, am National Institute for Education (NIE) statt. 29.000 Studierende werden von und 2500 Lehrenden und Forschenden aus 40 Ländern gelehrt.

„NIE welcomes you all to exchange high scholarship experience, practice and awareness of your profound influence as teachers who help shape the future!" begann der Direktor von NIE, Professor Lee Sing Kong, seine Begrüßungsrede.
Der Minister für Erziehung und Bildung betonte die Notwendigkeit, die Brücke des Dialogs zwischen Akademikerinnen, deren Forschung relevant für die Umsetzung in der Klasse sein solle und den Lehrerinnen, die die theoretische Begründung für ihr pädagogisches Tun von der Konferenz mitnehmen sollen.

Ein österreichisches Forschungsteam stellte das Fundament und Werden der „Dynamischen Matrix für die Verknüpfung von kognitiv und emotional intelligenter Lehre zur Erhöhung der Effektivität des Unterrichts" vor. Die begeisterten Reaktionen der Zuhörenden betrafen sowohl den qualitativen Zugang zur Forschung als auch den Inhalt, speziell, dass die „Dynamische Matrix …" zum Thema der Konferenz „Redesigning Pedagogy" beitrug, als sie auf Zukunftsherausforderungen, Wissen und gleichzeitig emotionaler und sozialer Intelligenz eingeht und somit zu den geforderten Paradigmen des „lebenslangen Lernens", der „Flexibilität und Mobilität", der „fachlichen Exzellenz", des „Change Managements" und der „Nachhaltigkeit" einen Beitrag zu leisten vermag.

Aus der Synopsis der 600 Beiträge und vielen informellen Gesprächen ergeben sich folgende Überlegungen:

Singapur investiert seit ungefähr 30 Jahren millionenschwer in Aus- und Weiterbildung. Der Vizerektor formuliert: „We get so much money from the Ministry that we sometimes don't even know how to invest it. We want to ensure that Singapore can compete in the future!" Österreich ist ein kleines Land, dessen Ressourcen ebenso im Humankapital liegen.
„Singapore built a new and excellent system in the last three decades focusing on „redesigning pedagogy", Unterrichtsminister Lui Tuck Yew. "Culture, Knowledge and Understanding" hat global große Bedeutung. Der Einfluss der Kultur ist ein Schlüssel für "pedagogical change". In Singapur sind alle Aufschriften viersprachig und dreischriftig: Englisch, Malay, Tamil und Chinesisch.
(Fanta, H., 2007.)

4.3 Nutzen mit ‚Sinn' – Logotherapie von Viktor Frankl

Die Rezeption Viktor Frankls (1905 – 1997) in den Vereinigten Staaten erfolgte unter dem Titel „Man's Search for Meaning". Es ist die englische Version seines Buches „Und trotzdem Ja zum Leben sagen!", das sein Leben in vier Konzentrationslagern zwischen 1942 und 1945 beschreibt.

Frankl entwickelte seine eigene Anthropologie, deren Quintessenz lautet:
„Der Mensch besitzt eine existentielle (das ist eine spezifisch humane) Dimension, die ihn von anderen Lebewesen unterscheidet, und in die die Befunde aus dem biopsychischen Raum nicht übertragbar sind."
(Lukas, 2007, S. 10)

Frankl nannte sie die geistige oder ‚nötische' Dimension (vom griechischen Wort Nous = Geist).

Der große Arzt und Psychotherapeut, dessen oben erwähntes Buch zu den zehn einflussreichsten Büchern der Vereinigten Staaten zählt, spricht ebenso von Bildern der Seele wie Bischof Stecher (Kapitel 1) und misst ihnen große Bedeutung zu.
„Wir Menschen leben in Bildern, die wir uns von uns selbst, von unseren Mitmenschen, von der Welt und gegebenenfalls von Gott konstruieren. ... Sind unsere Bilder mit negativen Erwartungen, Entwertungen und Verzerrungen besetzt, geht es uns nicht gut. ... wir empfinden das Leben als kontinuierliche Last. Sind die Bilder im Gegensatz dazu optimistisch und daseinsbejahend, freuen wir uns und es fällt uns leichter, über manch alltäglichen Kummer hinwegzukommen."
(Lukas, 2007, S. 10f.)

Viktor Frankl beschreibt den Menschen und seine Freiheit, die ihn von allen Lebewesen abhebt. Er erkennt die Endlichkeit der Freiheit, wenn es um Bedingungen des Daseins geht.
„Menschliche Freiheit ist endliche Freiheit. Der Mensch ist nicht frei von Bedingungen, sondern nur frei, zu ihnen Stellung zu nehmen. Aber sie bestimmen ihn nicht eindeutig. Denn letzten Endes liegt es an ihm, zu bestimmen, ob er den Bedingungen unterliegt, ob er sich ihnen unterwirft. Es gibt nämlich einen Spielraum, innerhalb dessen er sich über sie hinaus erheben kann, womit er ja in die menschliche Dimension überhaupt erst sich aufschwingt."
(Frankl, 3. Auflage 1996, S. 156.)

4.3.1 Nutzen: Selbstdistanzierungskräfte wie Humor

Der dem Menschen innewohnende ‚Wille zum Sinn' lässt den Menschen Gutes tun, Erfüllung in der Opferbereitschaft, im Engagement, in der Nützlichkeit seiner Handlungen finden. Dieser ‚Wille zum Sinn' zeichnet eine gesunde und mündige Persönlichkeit aus. Der Gegensatz ist der kranke Mensch, in der Definition der Seelenheilkunde als neurotisch verfangener ängstlicher Patient definiert.

„Der neurotisch verfangene, ängstliche Patient kreist mit seinen Gedanken und Gefühlen um sich selbst und seine Befindlichkeit, statt sich mutig und selbstvergessen der

Welt zu öffnen und sein Bestes zu geben. Er will sich schützen statt Werte aufzubauen, er zittert ums Geliebtwerden statt sich liebend zu verschenken."
(Lukas, S. 13)

Sind Pädagoginnen, Lehrende in einer solchen neurotischen Persönlichkeitsstruktur verfangen, ist es für sie nicht möglich, Kinder und Jugendliche zu einer mündigen, mutigen Persönlichkeit zu erziehen, weil sie es selbst nicht sind. Die Persönlichkeitserziehung steht im Schulunterrichtsgesetz für die Lehrenden an Pflichtschulen, doch wer würde sich anmaßen, die Vernachlässigung derselben zu ahnden?

In Österreich gibt es ohnedies keine gesetzliche Handhabe, Lehrerinnen aus oben angeführten Gründen aus dem elementaren und sekundären Schuldienst zu entfernen. Zudem ist dies eine Frage der Entscheidungsträgerinnen, welche Persönlichkeiten wir als Lehrende wollen und was sie für unsere Kinder, Jugendlichen und für die Gesellschaft leisten sollen. Es wurden Standards für die Fachbereiche entwickelt. Die Universitäten, Hochschulen haben Leistungsvereinbarungen zu erfüllen. Sie stellen sich studentischen Evaluierungen; ist dies genug? Es wurden (noch) keine Standards für die Persönlichkeit einer Lehrkraft entwickelt. Können wir uns das leisten?
Viktor Frankl skizziert einen Lösungsgedanken aus der Logotherapie.

Eine Methode der Logotherapie ist die der ‚Paradoxen Intention' (nicht zu verwechseln mit der ‚Paradoxen Intervention' aus der Verhaltenstherapie).
„Sie mobilisiert Selbstdistanzierungskräfte im Menschen wie Humor, Mut, Phantasie und spielerische Einwilligung in die gewaltigste ‚Trumpfkarte der Angst.'"
(Lukas, S. 15)

Der Patient soll sich das am meisten wünschen, wovor er am meisten Angst hat.
„'Dereflexion' intensiviert die Fähigkeit des Patienten zur Selbsttranszendenz, das heißt, in einer interessiert-liebenden Zuwendung zu Wertobjekten und Wertsubjekten seiner Umwelt über sich selbst hinauszufühlen und hinauszudenken, ..."

Lehrende sollten die Chance in Ausbildung und Fortbildung haben, Fähigkeiten zur Selbstdistanzierung als Haltung für sich selbst und als Methode zu entwickeln, um Studierende zu befähigen, bei sich selbst den Prozess der gesunden Selbstdistanzierung einzuleiten und damit das Urvertrauen zurück zu gewinnen oder verstärkend zu unterstützen.

Ein sinnorientierter Lebensstil löst seelisches Wohlbefinden und gesunde biologische Rhythmen als vorrangige Resultate aus. Das ist eine große Herausforderung, wie Viktor Frankl selbst schreibt, da dies nicht einmal die Aufgabe des Arztes ist.

„Es ist wohl verständlich, dass so etwas wie Lebenssinn nicht ärztlich verordnet werden kann. Es gehört nicht zu den Aufgaben des Arztes, dem Leben des Patienten Sinn zu geben; aber es mag sehr wohl eine Aufgabe des Arztes sein, im Wege einer Existenzanalyse den Patienten imstand zu setzen, im Leben einen Sinn zu finden, und ich halte eben dafür, dass der Sinn jeweils zu finden ist, also nicht mehr oder weniger willkürlich in etwas hineingelegt werden kann."
(Frankl, 1982, S. 236)

Frankl benennt nicht nur die Möglichkeit der Distanzierung und den Humor als geistiges Heilmittel, er beschreibt vor allem die Möglichkeit, über Umstände und Zustände in unserem Leben, falls wir diese nicht ändern können, wie er selbst in den Konzentrationslagern erlebt hat, so können wir aber unsere Gedanken und unsere Einstellung dazu ändern.

‚Einstellungsmodulation' bedeutet, dass weniger unsere Bedingungen über die Qualität unseres Lebens entscheiden, als vielmehr unsere Einstellungen zu diesen Bedingungen.

„Der ‚sokratische Dialog' hilft Patienten, die Perspektive der Interpretation so zu wechseln, dass die betrachteten Inhalte in sinnvolleres und zustimmungswürdigeres Licht getaucht sind. Dabei bleibt die Affinität von Sinn und Wahrheit streng gewahrt."
(Lukas, S. 17)

Frankl stellt die berechtigte Frage, wie echte Sinnfindung gelingt. Seine Antwort beruft sich darauf, dass gesucht werden muss; dass die Suche nach dem Richtigen (keine Betäubung im Alkohol) oder die Erweiterung der Suche eingeleitet werden muss.

Viktor Frankl geht in seinem schonungslosen und radikalen Anspruch noch weiter: Er handelt in seiner ‚metaklinischen Pathodizee' den Sinn des Leides ab.

„Das Leiden hat nicht nur ethische Dignität – es hat auch metaphysische Relevanz. Das Leiden macht den Menschen hellsichtig und die Welt durchsichtig. Das Sein wird transparent hinein in eine metaphysische Dimensionalität.
(Frankl 1998, S. 136f.)

Frankl rät, dass wir uns als Menschen die sinnvollsten Antworten abringen sollten, deren wir fähig sind. Wir würden das Trauma des sinnlosen Leidens durchbrechen und könnten rückwirkend das Leiden mit Sinn durchfluten. Der Transformationsprozess kann das Erstarren im Leid lösen und menschliche Leistung auslösen. Frankl bringt das Beispiel des Ingenieurs, dessen Sohn auf der Autobahn verblutet, weil niemand die Einsatzkräfte zeitgerecht verständigt hatte. Dieser Vater könnte nun im Gram verharren. Er begann, ein Notrufsäulennetz an Autobahnen zu entwerfen, um Menschenleben zu retten und andere Mütter und Väter davor zu bewahren, das gleiche Leid zu erleben. Er hat sich durch den Einsatz seiner Ingenieurskunst vor einem Erstarren im Trauma bewahrt.

Es braucht Behutsamkeit im Kontakt mit Menschen und Einfühlungsvermögen!

4.4 Auswirkung der Formulierung von Zielen in der Institution

EKIL bedeutet, langfristige Ziele für die Institution zu formulieren. Der Prozess hilft, die Ziele zu erreichen. Die Verbesserung der Qualität des Unterrichtes durch einzelne Lehrende bedeutet einen Nutzen auf Niveau I einer Organisation.
Die Verbesserung des Unterrichtes vieler Lehrender einer Organsiation bedeutet niedrigere Ausfallsraten der Studierenden, was einen Nutzen auf Niveau II einer Organisation darstellt.

EKIL fördert discussion und Metadenken innerhalb einer Organisation und führt zu einem kollektiven Verständnis der eigenen Rolle innerhalb der Organisation. Die Studierenden gewinnen durch die Einheit des Lehrkörpers ein höheres Niveau an Orientierung und Verständnis für ihren Anteil am Lernprozess.

Extern gewinnt die Organisation durch Exzellenz in der Lehre hohes Prestige. Die Kennzahlen der Human Resources - Matrix steigen. Dies stellt den nutzen auf Niveau III dar.

5. Gestaltung und Umsetzung der Emotional / Sozial & Kognitiv Intelligenten Lehre - EKIL

EKIL hat sich zur Aufgabe gemacht, die Ergebnisse aus Gehirnforschung, Unterrichtswissenschaft, Erziehungswissenschaft, Lernpsychologie, Pädagogik, die Resultate der Ermutigungspädagogik, sowie die Erkenntnisse aus der Humor- und Glücksforschung im Sinne einer effektiven Unterrichtsgestaltung, umzusetzen. Die aus diesen Forschungsbereichen gewonnenen Ergebnisse werden im laufenden Unterricht verwendet und umgesetzt, einerseits um Lernen leichter und angenehmer (Gestaltung angstfreier Lernumgebung) zu machen und andererseits, um die Lernerfolge zu verbessern.

Noch immer werden jene Erkenntnisse der Neurobiologie, die sich unmittelbar auf Lehr- und Lerntätigkeiten auswirken, hinsichtlich ihrer Umsetzung in den meisten pädagogischen Einrichtungen ignoriert.

In vielen technischen Unterrichtsinstitutionen (Höhere technisches Lehranstalten, Technische Fachhochschulen und Universitäten, etc.) arbeiten hoch spezialisierte Techniker, welche in den meisten Fällen ein immenses Expertenwissen aus ihren Spezifikationen mitbringen. Die Praxis zeigt jedoch, dass die pädagogische Tätigkeit und hier im speziellen die Vermittlung von Lerninhalten beziehungsweise die Gestaltung von dem Lernerfolg förderlichen Lernumgebungen zusätzliche Qualifikationen erfordert.

Bei vielen Schulungen welche mit unterrichtenden Technikern durchgeführt wurden, konnte festgestellt werden, dass auf folgende Fragen keinerlei Antworten erfolgten:

- „Wie kann der Unterrichtsstoff am besten gelernt werden?"
- „Wie lange sollten die Lernsequenzen sein?"
- „Gibt es Methoden mit denen der Behaltewert gesteigert werden kann?"

Auch auf die Äußerungen von Eltern, mit denen die Autoren technisches Lehrerkollegium konfrontierten, konnten von letzterem keine zufrieden stellenden Antworten gegeben werden:

- „Mein Sohn hat zu Hause alles gewusst, und beim Test fiel ihm nichts ein!"
- „Darf während des Lernens Musik laufen oder vermindert dies den Lernerfolg?"
- „Wirkt sich Fernsehkonsum auf den Lernerfolg aus?"
- „Gibt es eine Empfehlung, welche Gegenstände hintereinander gelernt werden sollen?"
- „Wie oft und in welchen Abständen sollte der Lernstoff wiederholt werden?"

Das Nichtberücksichtigen der neurobiologischen Erkenntnisse hinsichtlich der Umsetzung fürs Lehren und Lernen ist deswegen absurd, weil die Ergebnisse der PISA-Studien nicht nur im deutschsprachigen sondern im gesamten EU-Raum (ebenso wie in Asien: Pädagogische Konferenz an der Nanyang Technological University in Singapur, 2007) eine deutliche Sprache sprechen und zu lang anhaltenden Diskussionen geführt haben.

Dass aus diesen neuen Erkenntnissen sehr geringe bis keine Konsequenzen (hinsichtlich einer Umsetzung im Unterricht) gezogen werden hat schon jahrzehntelange Tradition. Dies wurde bereits 1998 von Colin bemängelt.
„Das öffentliche Schulwesen steckt auf der ganzen Welt in einer Krise. Oft sind es die Lehrer, die ‚an vorderster Front kämpfen', die zu Unrecht die vernichtende Kritik an dem niedrigen Bildungsniveau über sich ergehen lassen müssen. In Wirklichkeit ist das ganze System völlig falsch, und leider können auch die gelegentlichen Änderungen der Lehrpläne nichts Großartiges bewegen (...). Entscheidend ist, dass man lernt, wie man lernt, und nicht was man lernt – das gilt vor allem in einer Zeit, in der niemand voraussagen kann, welche Fähigkeiten in Zukunft gefragt sein werden" (Colin, 1998, S. 29).

Bereits 1973 wurde auf die biologischen Fakten als Voraussetzung für erfolgreichen Unterricht und erfolgreiches Lernen im Rahmen der wissenschaftlichen TV-Serie „Denken, Lernen, Vergessen" hingewiesen. Die Reaktion der Zuhörer übertraf sämtliche Erwartungen. Nach der ersten Ausstrahlung trafen für eine wissenschaftliche Serie sensationelle 16.000 Zuschriften und Manuskriptanfragen ein. Autor und Produzent erhielten 1974 für den ersten Film den Adolf-Grimme-Preis (vgl. Vester, 1999, S. 7).

„Unsere wesentlichste Erkenntnis ist, dass kein Gefühl, kein Gedanke für sich alleine existiert, sondern immer von biologischen Vorgängen in unseren Körperzellen begleitet ist. Jeder Versuch, geistige Prozesse von biologischen Prozessen abzutrennen, führt daher zu reinen Spekulationen, die der Natur der Sache widersprechen und deshalb in Verkrampfung enden müssen." (Vester, 1999, S. 115).

Spitzer fordert vom pädagogischen Fachpersonal die Kenntnis über die angesprochenen neurologischen Grundlagen, sowie die Berücksichtigung aktueller Befunde aus dem Bereich der Neurobiologie in der Unterrichtstätigkeit ein.
„Der Neurologe Manfred Spitzer sagte im Rahmen seines Vortrags vor Schulleitern am 23.10.2003 in Sindelfingen, dass es selbstverständlich ist, dass ein Krankengymnast oder Masseur sich über die Muskeln, Gelenke (...) des menschlichen Körpers auskennt, denn die ist die Voraussetzung dafür, dass er seine Patienten erfolgreich behandeln kann. Parallel dazu – und konsequenterweise, so Spitzer – sollte der Lehrer über Gehirnfunktionen informiert sein und darüber Kenntnisse haben, um erfolgreich unterrichten zu können" (Hepting, 2004, S. 42).

Die Berücksichtung dieser angesprochenen biologischen bzw. neurologischen Voraussetzungen um Lernen und Lehren wirksam gestalten zu können, bildet die Basis für das Design von auf EKIL basierenden Unterrichtseinheiten.

In den folgenden Kapiteln werden jeweils biologische, neurologische und psychologische Grundlagen beschrieben, um fundierte Hintergrundinformationen und somit Begründungen für das pädagogische Handeln anzubieten.

Der praxisorientierte Leser, der primär an der Umsetzung im Unterricht interessiert ist, kann sich unmittelbar den Kapiteln „Konsequenzen für den Unterricht" die in jedem Abschnitt ausgeführt werden, widmen.

5.1 Gehirnforschung und gehirngerechte Lehre

5.1.1 Grundlagen

Die Nervenzelle (Neuron) ist der biologische Grundbaustein, welcher für die Informationsaufnahme, die Informationsweiterleitung und Abspeicherung zuständig ist. Die folgende graphische Darstellung zeigt den grundsätzlichen Aufbau einer Nervenzelle (Zellkörper, Dendriten, Axon). Eine Vielzahl von Dendriten ist für die Aufnahme von Signalen zuständig. Nur eine einzige Faser, welche als Axon bezeichnet wird, ist für die Weiterleitung der Impulse verantwortlich.
Die rechte Aufnahme (mittels Elektronenmikroskop) lässt die ankommenden Fasern von anderen Nervenzellen auf dem Zellkörper einer Zelle gut erkennen.

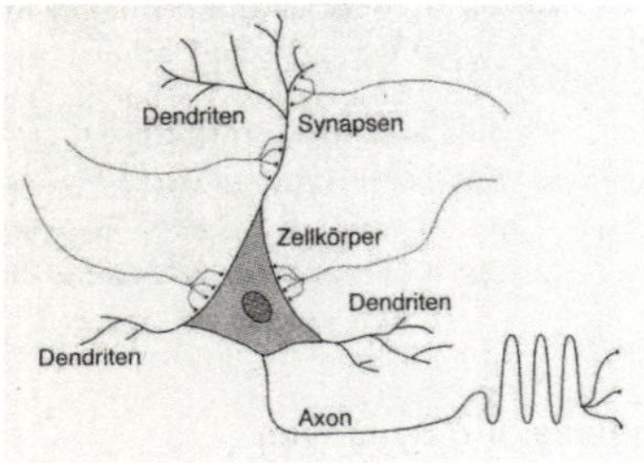

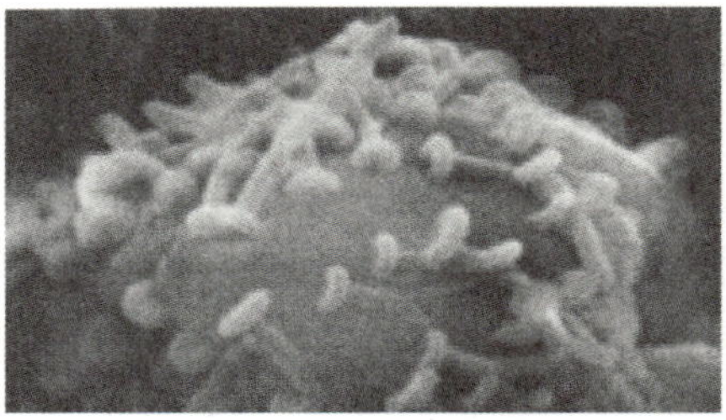

Bild: Spitzer, 2002, S. 42

Prinzip der Signalübertragung

Die Übertragung der Informationen erfolgt auf elektrochemischem Weg, wobei der Abstand zwischen „Sendezelle" und „Empfangszelle", der so genannte synaptische Spalt, zu überbrücken ist. Das ankommende elektrische Potential führt zu einer Ausschüttung von Transmittersubstanzen, welche über den synaptischen Spalt wandern und an der Empfangszelle (postsynaptische Zelle) wieder in ein elektrisches Signal zurückverwandelt werden.

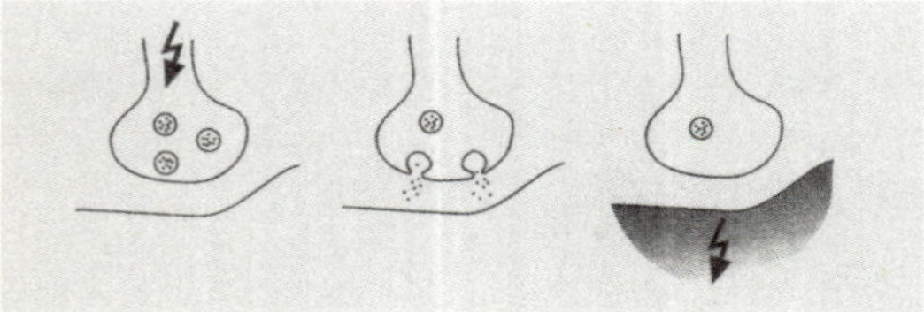

Bild: Spitzer, 2002, S. 43

„Die Übertragung von Nervenimpulsen findet an Synapsen statt. Dies geschieht dadurch, dass beim Eintreffen des Impulses (links) kleine Bläschen in der Synapse, die einen Überträgerstoff (Neurotransmitter) enthalten, mit der Wand der Synapse verschmelzen (Mitte), wodurch der Neurotransmitter freigesetzt wird und seinerseits die nachfolgende Zelle erregt (rechts)" (Spitzer, 2002, S. 43).

Neuronenwachstum

Bis in die 90iger Jahre war man der Überzeugung, dass die wesentliche Ausbildung des Gehirns bereits in jungen Jahren beendet sei. Man hielt die neuronale Entwicklung bis zum Erreichen ungefähr des sechsten Lebensjahres für abgeschlossen. Diese Annahme galt sowohl für die Menge der bis dahin entwickelten Gehirnzellen als auch für deren Verbindungen. Der Großteil dieser Entwicklung war nach Ansicht der meisten Autoren bereits bis zur Geburt abgeschlossen.

„Die Hauptverbindungswege und –systeme der synaptischen Verknüpfungen, die sich im Gehirn entwickeln, unterliegen der genetischen Steuerung und bilden sich bereits vor der Geburt aus" (Thompson, 2001, S. 3).

„Bis zur Geburt ist der größte Teil des menschlichen Gehirns ausgebildet. Die restlichen Zellen und ihre festen Verknüpfungen entstehen in der kurzen Periode der ersten Wochen und Monate nach der Geburt. Damit ist dann das eigentliche Gehirnwachstum abgeschlossen" (Vester, 1999, S. 37).

Diese Erkenntnisse stützen sich auf die jahrzehntelange Registrierarbeit gleicher Bezirke der grauen Gehirnrinde durch den amerikanischen Jesuitenpater Conel. Nach seiner Erkenntnis nimmt die Anzahl der Gehirnzellen nach dem dritten Lebensmonat praktisch nicht mehr zu (vgl. Vester, 1999, S. 40).

In der folgenden Abbildung ist klar ersichtlich, dass die Anzahl neuronaler Verbindungen im Kortex sich im Alter von 15 bis 36 Monaten wesentlich weniger entwickelt, als in den Lebensmonaten zuvor. Es ist keine Zunahme von Nervenzellen in den weiteren Lebensjahren zu erkennen.

Schnitt durch die menschliche Großhirnrinde

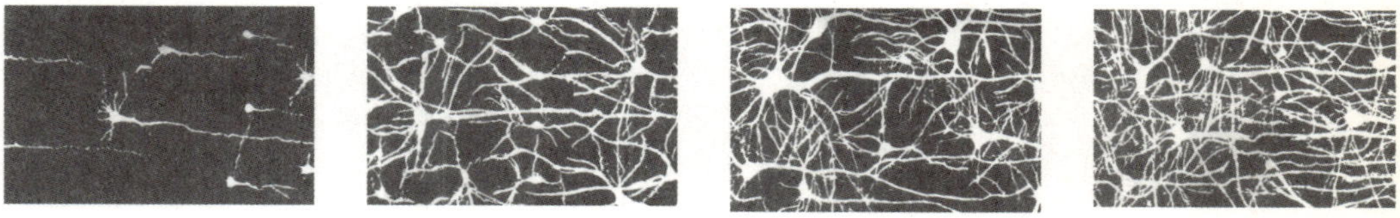

Geburt | drei Monate | fünfzehn Monate | drei Jahre

Quelle: Vester,1999, S. 38f.

Für etliche Gehirnareale ist die Annahme, dass es zu keiner Neubildung von Neuronen kommt, nach heutigem Wissensstand zutreffend. So führen beispielsweise fehlende Reize für den visuellen Kortex im Säuglings- bzw. Kleinkindalter zu lebenslangen Defiziten.

Nach Ansicht Vesters existieren gewisse „Zeitfenster“, in dem ein bestimmtes Maß an entsprechenden Umweltreizen vorhanden sein muss. Bleibt dieser Entwicklungszeitraum ohne entsprechenden Input, ist mit lebenslangen Defiziten zu rechnen.

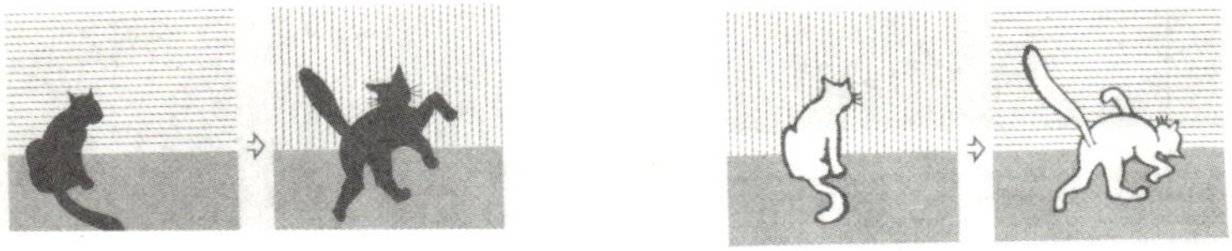

Quelle: Vester, 1999, S. 40

„Äußere Einflüsse der ersten Lebenswochen bestimmen, wie das Gehirn später arbeiten wird“ (Vester, 1999, S. 40).
Werden jungen Katzen in den ersten sechs Lebenswochen ausschließlich in einer bestimmten Umgebung gehalten (beispielsweise ringsum nur waagrechte Linien), so sind sie im späteren Leben „blind“ gegenüber Wahrnehmungen mit umgekehrten Richtungen (senkrechte Linien). Sie beginnen zu torkeln und verlieren völlig die Orientierung.

Eine Bestätigung dieser Untersuchungen findet sich bei Spitzer:
„Seit Jahrzehnten ist aus Studien an Katzen bekannt, dass sich der visuelle Kortex erst unter dem Eindruck visueller Reize vollständig entwickelt. (...) Diese frühe Anpassung des visuellen Kortex an die Erfahrung erfolgt während einer kritischen Periode, d.h. kann ab einem bestimmten Alter der Katzen nicht mehr stattfinden“
(Spitzer, 2002, S. 105).

Vester weist auch auf ähnliche Fälle lebenslanger Sehstörungen beim Menschen hin. Dies tritt dann auf, wenn Säuglinge aus irgendwelchen Gründen in der ersten Lebenszeit keine visuellen Eindrücke empfangen konnten (vgl. Vester, 1999, S. 40f.).

Bis in die 90iger Jahre vertrat man allgemein die Auffassung, dass es zu keinem Nachwachsen von Neuronen im Gehirn erwachsener Organismen kommt. Ab 1997 gab es eine Reihe von Entdeckungen, die diesen Erkenntnisstand widerlegten.

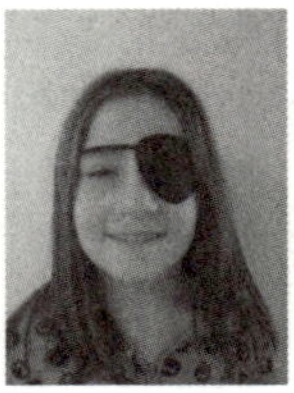

Bewiesen scheint jedoch weiterhin die Existenz von kritischen Perioden während der Gehirnentwicklung. Erfolgt in diesen „Zeitfenstern“ kein Input, so werden gewissen Fähigkeiten nicht ausgebildet. Spitzer verweist in diesem Zusammenhang auf unterschiedliche Tierversuche sowie auf dementsprechende Resultate beim Menschen.

„Kritische Perioden gibt es auch beim Menschen. Die effektive Verbindung der von beiden Augen in den visuellen Kortex ziehenden Fasern geschieht beispielsweise während der ersten fünf Jahre nach der Geburt in Abhängigkeit von den Seheindrücken, die von beiden Augen an das Gehirn geliefert werden. Wer mit einem etwas schlechter sehenden Auge geboren wird, bekommt daher das gesunde Auge zeitweise verschlossen, damit die Verbindungen auch vom schlechter sehenden Auge zum Gehirn eine Chance haben, sich ausbilden zu können. Geschieht dies bis etwa zum fünften Lebensjahr nicht, so wird das gesunde Auge die Ausbildung der Verbindungen vom schlechteren Auge aktiv behindern, wodurch selbst ein bei Geburt beispielsweise 80 Prozent sehendes Auge funktionell blind werden kann“ (Spitzer, 2002, S. 208f).

Folgende Tabelle gibt eine Übersicht über die neuesten Befunde:

Jahr	Autor / Quelle	Titel / Entdeckung
1997	Kempermann et. al. *Nature*	im Hippocampus erwachsener Mäuse wachsen Neuronen
1998	Ericksson et. al. *Nature Medicine*	im Hippocampus erwachsener Menschen wachsen Neuronen
1999	Gold et. al *Trends in Cognitive*	nachwachsende Neuronen haben eine mögliche Rolle bei Lernprozessen
2000	Scharff et. al. *Neuron*	nachwachsende Neuronen haben eine tatsächliche Rolle beim Wiedererwerb von durch Neuronenuntergang verlorenen Fähigkeiten
2001	Shors et. al. *Nature*	nachwachsende Neuronen haben eine wichtige Rolle bei Lernprozessen im Hippocampus
2001	Rakic *Science*	im Kortex wachsen keine Neuronen nach

Quelle: Spitzer, 2002, S. 32

Die Hinweise für die Erwartung von Neuronenwachstum bei Erwachsenen finden sich auch bei Thompson.
„Allerdings sind wir mittlerweile davon überzeugt, dass sich zahlreiche synaptische Verknüpfungen über die gesamte Lebensspanne hinweg formieren und umformieren. Sie werden durch Erfahrungen gestaltet und modelliert und bilden so vielleicht die strukturelle Grundlage des Gedächtnisses, ...“ (Thompson, 2001, S. 4).

Diese Fähigkeit des Gehirns sich umzustrukturieren, d.h. andere synaptische Verbindungen einzugehen, wird als so genannte **Neuroplastizität** bezeichnet. In gewissen Hirnbereichen kommt es zwar zu keiner Neubildung von Neuronen, jedoch können je nach Aktivierung, neue Verknüpfungen entstehen oder jedoch durch ausbleibende Reize die neuronale Verbindung abgeschwächt werden.

5.1.2 Gedächtnisarten

Die in den meisten (vor allem populistisch ausgerichteten) Publikationen dargestellten Modelle über Kurzeit- und Langzeitgedächtnis entsprechen nicht oder nur teilweise den biologischen Fakten. Dies trifft vor allem auf Lernratgeber oder unterrichts- oder erziehungswissenschaftliche Veröffentlichungen zu. Etliche Autoren gehen einfach von zwei unterschiedlichen Speicherorten und der Frage, wie man die gelernten Inhalte von „Speicher 1“ in „Speicher 2“ übermitteln kann, aus.

Diese sehr starken Vereinfachungen oder auch falschen Darstellungen führen letztendlich somit auch zu der prinzipiell falschen Fragestellung, wie ein Inhalt vom Kurzzeitgedächtnis ins Langzeitgedächtnis übertragen werden kann.
Die Erkenntnis über die tatsächlichen funktionalen Unterschiede zwischen Kurzzeit- und Langzeitgedächtnis ist Dr. Eric Kandel zu verdanken. Er erhielt im Jahr 2000 gemeinsam mit Arvid Carlson und Paul Greengard den Nobelpreis für Physiologie und Medizin für seine Entdeckungen zur Signalübertragung im Nervensystem.

Kandel arbeitete mit einem stark reduktionistischen Ansatz. Um Antworten auf die direkten elektrochemischen Zusammenhänge zu bekommen, suchte er nach einem Organismus in dem einerseits die Nervenzellen so groß sind, dass diese direkt mit einer Mikroelektrode erreicht werden konnten. Andererseits sollte dieser Organismus keine komplexen „Zwischenschaltkreise" besitzen, sondern bei Erregung eines sensorischen Neurons (Input) eine direkte Reaktion beim Motoneuron (Output) bewirken.
Die amerikanische Aplysia, eine (über dreißig Zentimeter große) Meeresschnecke, wurde diesen Ansprüchen gerecht (vgl. Kandel, 2006, S. 162ff).

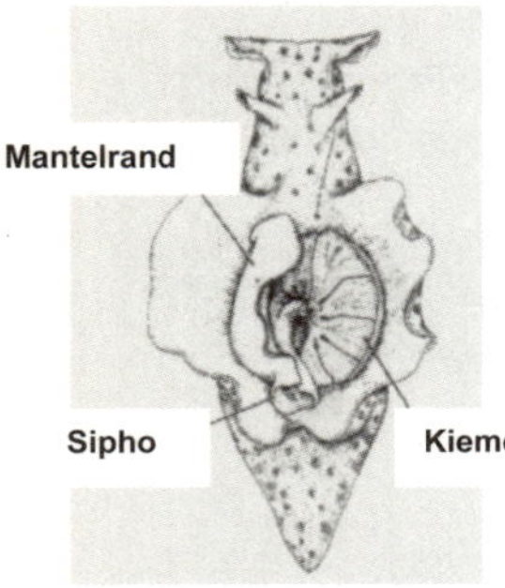

Quelle: Kandel, 2006, S.

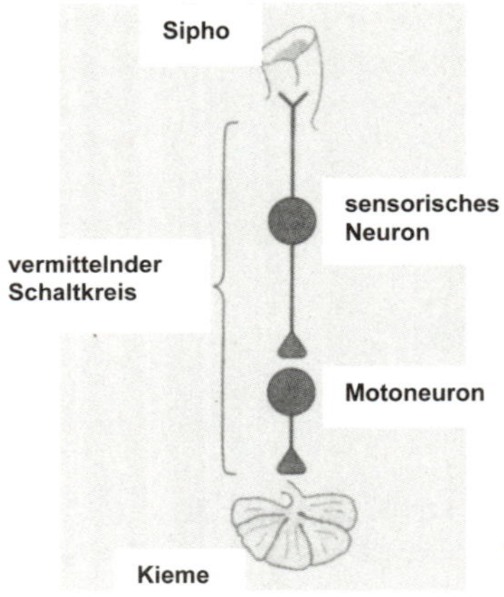

Quelle: Kandel, 2006, S. 247

Bezugnehmend auf die Forschungsarbeiten von Pawlow und den Behavioristen, die Arbeiten von Brenda Millner, sowie die Untersuchungsergebnisse kognitiver Psychologen kam Kandel zur Überzeugung, dass **unterschiedliche Formen des Lernens auch unterschiedliche Formen des Gedächtnisses hervorbringen**
(vgl. Kandel, 2006, S. 220).

Die ersten offensichtlichen Unterschiede und deren Abspeicherung betreffen die Inhalte der jeweiligen Lernleistungen.
Einerseits werden Dinge beherrscht und ausgeführt, ohne diese explizit genau beschreiben zu können (beispielsweise Ski- oder Snowboard fahren, oder lediglich die Handhabung eines Hammers beim Einschlagen eines Nagels). Es wurde gelernt und wird beherrscht. Würde man sich darauf konzentrieren, dass der Hammerstiel eine Verlängerung der Hand darstellt und der Hammerkopf genauestens auf den Nagel zu positionieren ist, würde die Trefferquote drastisch abnehmen.
Auch wenn Inhalte am Beginn kognitiv erfasst wurden (beispielsweise das Kuppeln und Schalten bei der Handhabung des Kraftfahrzeuges oder das Binden eines Schnürsen-

kels), sind sie nach etlichen Trainingseinheiten verinnerlicht und werden automatisch ausgeführt. Eine neuerliche Konzentration auf diese Tätigkeit würde beim angeführten Beispiel (Konzentration auf Kuppeln und Schalten) den Lenkvorgang merklich beeinflussen. In der Literatur ist für diese Gedächtnisart auch des Öfteren die Bezeichnung „Prozedurales Gedächtnis" anzutreffen.

Die zweite Gruppe der Lernleistungen beinhaltet das Erlernen von Daten, Fakten, Gesetzen und vielem mehr. Dieses Wissen kann direkt abgerufen und artikuliert werden. Nach diesen Überlegungen, welche noch keine Differenzierung hinsichtlich ihrer Behaltedauer anstellt, kann zwischen implizitem und explizitem Gedächtnis unterschieden werden.

5.1.2.1 Explizites – Implizites Gedächtnis

Kandel unterscheidet grundsätzlich zwischen explizitem und implizitem Gedächtnis. Ersteres ist für das Abspeichern von Daten und Fakten, letzteres für das Abspeichern von beispielsweise motorischen Fertigkeiten oder das Erlernen von Furcht zuständig.

a) Explizites Gedächtnis
„Was wir gewöhnlich als bewusste Erinnerungen erleben, bezeichnen wir heute in Anlehnung an Squire und Schacter als explizites oder deklaratives Gedächtnis. Es ist der bewusste Gedächtnisabruf von Menschen, Orten, Objekten, Fakten und Ereignissen" (Kandel, 2006, S. 150).

b) Implizites Gedächtnis
„Unbewusste Erinnerungen nennen wir implizites (oder prozedurales) Gedächtnis. Es liegt Habituation, Sensitivierung und klassischer Konditionierung ebenso zu Grunde wie den Wahrnehmungs- und Bewegungsfertigkeiten, die uns beispielsweise befähigen Fahrrad zu fahren oder einen Aufschlag beim Tennis auszuführen" (Kandel, 2006, S. 150).

„Das implizite Gedächtnis ist nicht ein einzelnes Gedächtnissystem, sondern eine Ansammlung von Prozessen, an denen verschiedene Gehirnsysteme beteiligt sind, die tief in der Großhirnrinde verborgen liegen" (Kandel, 2006, S. 150).
Für die verschiedenen Lerninhalte sind unterschiedliche Hirnbereiche verantwortlich.
Für Furcht und Glück ist beispielsweise die Amygdala, für das Erlernen neuer motorischer Fertigkeiten das Kleinhirn zuständig (vgl. Kandel, 2006, ebd.).

5.1.2.2 Kurzzeitgedächtnis

Kandel gelang es Mitte der achtziger Jahre, die Vorgänge an den Neuronen und Synapsen bei einfach erlernten Reaktionen der Aplysia nachzuweisen.
Das Kurzzeitgedächtnis ist dadurch definiert, dass dieser Effekt zu **vorübergehenden Veränderungen in der Stärke der synaptischen Verbindungen** führt.
„... und wir hatten festgestellt, dass Lernen Kurzzeiterinnerungen erzeugt, indem es zu vorübergehenden Veränderungen in der Stärke vorhandener synaptischer Verbindungen zwischen sensorischen und motorischen Neuronen führt. Diese Kurzzeitverände-

rungen werden durch Proteine und andere Moleküle bewirkt, die bereits in der Synapse vorhanden sind“ (Kandel, 2006, S. 263).

Das Kurzeitgedächtnis speichert nach Kandel bis zu einigen Minuten, während das Langzeitgedächtnis die Inhalte viele Tage und länger abrufbar bereitstellt.
„Das Kurzzeitgedächtnis hält Minuten, das Langzeitgedächtnis viele Tage oder noch länger an“ (Kandel, 2006, S. 229).

5.1.2.3 Langzeitgedächtnis

Da das Kurzzeitgedächtnis letztendlich über die Stärke der Synapsenverbindung erklärt wurde, kamen Kandel, Chen und Carew zum Schluss, dass das Langzeitgedächtnis nicht nur eine Erweiterung des Kurzzeitgedächtnisses sein konnte.
Da diese stärkere „chemische Verbindung“ welche durch die Synapsenstärke ausgedrückt wird, nicht dauerhaft bestehen konnte, folgte man der Auffassung, dass die Abspeicherung im Langzeitgedächtnis anderen Gesetzmäßigkeiten folgen musste.
Diese Langzeiterinnerung stellte sich im Rahmen der Forschungsarbeiten als anatomische Veränderung an der Synapse dar.
Die Autoren fanden schließlich heraus, „dass das Langzeitgedächtnis nicht nur eine Erweiterung des Kurzzeitgedächtnisses ist: Die Veränderungen der synaptischen Stärke dauern nicht nur länger, sondern erstaunlicherweise verändert sich auch die Zahl der Synapsen im Schaltkreis. Besonders bei Langzeithabituation nimmt die Zahl der präsynaptischen Verbindungen zwischen sensorischen und motorischen Neuronen ab, während die sensorischen Neuronen bei der Langzeitsensitivierung neue Verbindungen ausbilden, die bestehen bleiben solange die Erinnerung behalten wird“ (Kandel, 2006, S. 235f.).
Diese Erkenntnisse wurden von Kandel und Mitarbeitern an der Meeresschnecke Aplysia gewonnen.
„Folglich konnten wir bei der Aplysia zum ersten Mal sehen, dass die Zahl der Synapsen im Gehirn nicht ein für allemal festgelegt ist, sondern sich beim Lernen verändert! Mehr noch: Die Langzeiterinnerung bleibt solange erhalten, wie die anatomischen Veränderungen Bestand haben“ (Kandel, 2006, S. 236).
„Das Kurzzeitgedächtnis ruft durch Stärkung oder Schwächung bestehender Verbindungen eine Veränderung in der Funktion der Synapse hervor; das Langzeitgedächtnis erfordert anatomische Veränderungen“ (Kandel, 2006, S. 237).

Zusammenfassend kann somit festgestellt werden, dass **dem Kurzzeitgedächtnis funktionelle Veränderungen und dem Langzeitgedächtnis anatomische Veränderungen** zugrunde liegen (vgl. Kandel, 2006, S. 240).

Folgend sind Veränderungen, die dem Kurz- und dem Langzeitgedächtnis in dem sensorischen und motorischen Neuron zugrunde liegen, dargestellt.

Unterschiede zwischen Kurzzeit- und Langzeitgedächtnis

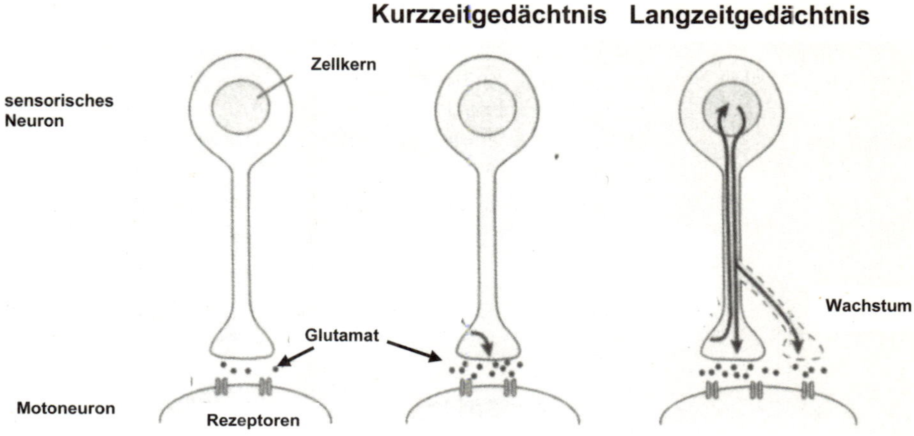

Quelle: Kandel, 2006, S. 280

Im Unterschied zum Kurzzeitgedächtnis sind bei langfristigen Speicherungen tatsächlich biologische Veränderungen im Sinne des zusätzlichen Wachsens von Verbindungen ersichtlich.

Jene Maßnahmen, welche dieses zusätzliche Wachstum unterstützen und somit zur Ausbildung der Langzeitspeicherung dienen, werden im Abschnitt „Konsequenzen für den Unterricht" dargestellt.

5.1.3 Gehirnteile, Zuständigkeiten und Lernerfolge

Die stark vereinfachte Übersicht über die unterschiedlichen Hirnteile soll zeigen, welche Hirnbereiche für welche Reaktionen und entsprechende Lernleistungen zuständig sind. Wesentlich ist auch die Erkenntnis, dass bei „Aktivierung" bestimmter Gehirnareale Lernen beinahe unmöglich wird und somit auch die Behaltewerte zwingend auf Null sinken.

Nach Colin (bezugnehmend auf Dr. Paul MacLean - ehemaliger Leiter des Laboratory of Brain and Behavior am United States Institute of Mental Health) sind die drei wesentlichsten Teile des Gehirns Hirnstamm, Limbisches System, und Neocortex (vgl. Colin, 1998, S. 41).

5.1.3.1 Hirnstamm (Reptiliengehirn)

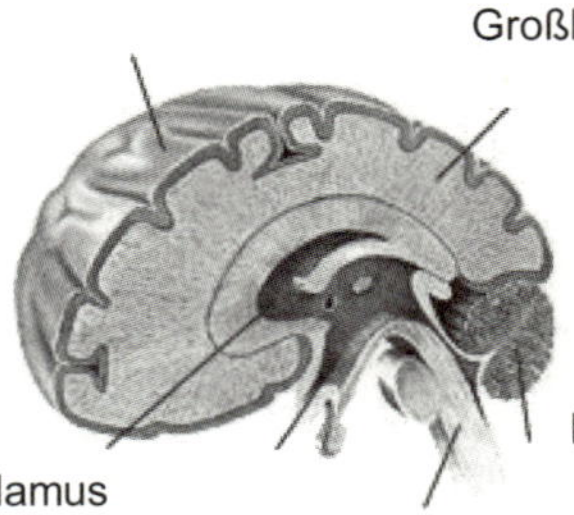

„An der Schädelbasis, dort, wo die Wirbelsäule austritt, befindet sich der Teil des Gehirns, den wir mit den niedrigen Lebensformen gemein haben – wie mit Eidechsen, Krokodilen oder Vögeln – daher ‚Reptilienhirn'"
(Colin, 1998, S. 41).

„Dieser Teil des Gehirns steuert zahlreiche Grundfunktionen wie Atmung und Herzfrequenz. Auch die Fluchtreaktion oder andere Instinkthandlungen werden hier ausgelöst. Das Reptilienhirn kontrolliert auch unsere Urinstinkte – zum Beispiel territoriales Verhalten. Sie kennen das unangenehme Gefühl, wenn Ihnen jemand zu nahe ‚auf die Pelle' rückt. Die Wut, die Sie dann möglicherweise empfinden, ist nur schwer zu kontrollieren, denn sie ist oft eine Reaktion darauf, dass jemand versucht, Ihnen etwas wegzunehmen, und Sie fühlen sich bedroht – in jedem Fall ist es eine Verletzung Ihrer Intimsphäre, Ihres ‚Reviers'" (Colin, 1998, S. 42).

5.1.3.2 Das limbische System

„Der zentrale Teil des Gehirns liegt wie ein Kragen um den Hirnstamm (das Wort *limbisch* kommt vom lateinischen *limbus* und bedeutet soviel wie Rand oder Kragen). Es handelt sich dabei um den Teil des Gehirns, den wir mit den anderen Säugetieren gemein haben" (Colin, 1998, S. 42f.).

Die Amygdala (der Mandelkern), der Hippokampus, benachbarte Regionen des limbischen Kortex und die Area septalis stellen die wichtigsten Strukturen des limbischen Systems dar. Diese Strukturen weisen eine starke Verknüpfung mit Teilen des Hypothalamus, Thalamus und der Großhirnrinde auf (vgl. Thompson, 2001, S. 18).

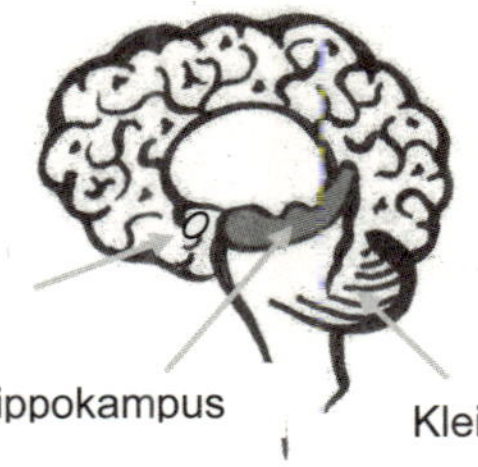

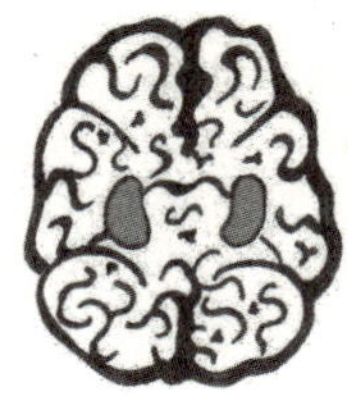

Lage der Hippokampi im menschlichen Gehirn: Ansicht von unten

Der Hippokampus (aus dem Griechischen wörtlich übersetzt: Seepferdchen) liegt tief im Inneren des Gehirns, jeweils an der linken und rechten Innenseite des Schläfenlappens der Großhirnrinde.
Die Einflussnahme von unterschiedlichen Hirnteilen auf das Gefühlsleben und auf den Erwerb von Fakten wird durch unterschiedliche Untersuchungen und Autoren bestätigt. So weist beispielsweise Spitzer auf die Funktionalität der Mandelkerne im Zusammenhang mit Angstlernen hin.
„Die Mandelkerne tragen dazu bei, dass wir unangenehme Erlebnisse sehr rasch lernen und in Zukunft vermeiden. Wird bei Ratten der Mandelkern beidseits operativ zerstört, kann die Ratte zwar noch lernen, sich in einem Irrgarten zurecht zu finden (sie benutzt hierfür ja ihren Hippokampus) nicht jedoch, sich vor etwas zu fürchten. Zum Fürchten-Lernen braucht man den Mandelkern. Beim Menschen liegen die Dinge nicht anders. ... Ohne Mandelkern kann ein Mensch zwar noch Fakten wie z.B. die Eigenschaften eines lauten Tons lernen, nicht aber die Angst vor dem Ton. Ohne Hippokampus hingegen ist es umgekehrt, man lernt die Angst, aber nicht die Fakten“
(Spitzer, 2002, S. 163f).

„Wichtigste Komponenten des limbischen Systems sind der Hypothalamus und der Mandelkern. Das limbische System steuert die Gefühle und sorgt außerdem für die Homöostase, also dafür, dass der Körper sich im Gleichgewicht befindet. Es kontrolliert außerdem die Hormonausschüttung, das Hunger- und Durstzentrum, die Sexualität, die Zentren der Lust, den Grundumsatz, die Immunfunktion und einen wichtigen Teil des Langzeitgedächtnisses. Hypothalamus und Mandelkern sind außerdem wichtige Steuerungselemente für das gefühlsbetonte und zielgerichtete Verhalten. Das bedeutet, dass Appelle an das Gefühl eines Menschen eine größere Wirkung auf sein Verhalten haben als rationale Argumente. Auf die Evolution bezogen hat sich das limbische System vor der ‚Erfindung' der Logik entwickelt“ (Colin, 1998, S. 42, 43).

Nach Thompson ist das limbische System (insbesondere bestimmte Teile des Hypothalamus) das wichtigste Kontrollzentrum für Gefühle.
„Eine elektrische Reizung eines bestimmten Teiles des Hypothalamus (wie auch gewisser Regionen des limbischen Systems) kann bei Mensch und Tier Wutausbrüche und Angriffsverhalten auslösen. Die Stimulation einer direkt benachbarten Region dagegen mag Gefühle intensiven Wohlbefindens hervorrufen. Die Entdeckung solcher „Lustzentren“ im Gehirn durch James Olds und Peter Milner im Jahre 1953 (beide waren damals an der McGill University) war ein wichtiger Schritt zum Verständnis jener Gehirnprozesse, die mit Motivation und Belohnung in Zusammenhang stehen“
(Thompson, 2001, S. 18).

Der Zusammenhang zwischen Gefühlen und Lernerfolg wurde bereits mehrfach belegt. **„Wenn etwas von starken Gefühlen begleitet ist, prägt es sich in der Regel auch besser im Gedächtnis ein“** (Colin, 1998, S. 43).

„Wenn sich das Gehirn im Zustand positiver Gefühlserregung befindet, werden – so die Hirnforschung – Endorphine ausgeschüttet, die an Opiate erinnern, man könnte sie auch ‚Lustdrogen' nennen. Dadurch wird die Ausschüttung eines starken Neurotransmitters, Acetylcholin, angeregt. Das ist wichtig, weil Neurotransmitter ‚Gleitmittel' sind, die die Verbindung zwischen den einzelnen Gehirnzellen möglich machen. Einfacher ausgedrückt: Wenn dem Gehirn die Arbeit Spaß macht, funktioniert es besser. Es gibt also durchaus eine wissenschaftliche Grundlage für den Einsatz von Kunst, Theater, Farben, Gefühlen, sozialem Lernen und sogar Gesellschaftsspielen“ (Colin, 1998, S. 43).

5.1.3.3 Großhirnrinde (Cortex cerebri)

Die Großhirnrinde ist je nach Region zwischen zwei und fünf Millimeter dick und stellt die äußere Schicht des Großhirns dar. Der Kortex ist ein Teil der grauen Substanz des Großhirns. Die Fasern der Neurone der Großhirnrinde verlaufen unterhalb der Hirnrinde und bilden die weiße Substanz des Großhirns.

Colin weist auf die wesentlichen Einflüsse von Hirnteilen auf Verhaltensmuster hin, die nicht primär kognitiven Prozessen zugrunde liegen.
„Erstaunlicherweise dient das Gehirn nicht in erster Linie dem Denken. Der Attribute, die wir für typisch menschlich halten – Sprache, Wahrnehmung und Intelligenz – betreffen nur einen kleinen Teil der Funktionen des Gehirns. Es hat vor allem die Aufgabe, unser Überleben und unsere Funktionstüchtigkeit zu gewährleisten und dazu müssen wir in der Lage sein zu lernen, zu reagieren und uns anzupassen.“ (Colin, 1998, S. 46).

5.1.4 Zuständigkeiten der Hemisphären

Linke Hirnhälfte

Sprache
(Wernicksches, Brocasches Areal)
Zahlen
Analyse
Logik
Lineares Erfassen

Begriffliches Denken

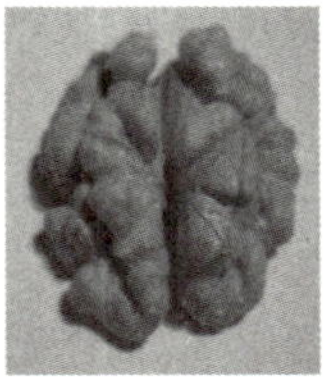

Rechte Hirnhälfte

Bilder
Räumliches Denken

Musik
Farbe
Phantasie
Ganzheitliches Erfassen

Bildliches Denken

Seit den Versuchen von Sperry an Split-Brain-Patienten (Durchtrennung der Verbindung zwischen linker und rechter Hirnhälfte) sind die unterschiedlichen Funktionalitäten der beiden Hemisphären bekannt.

Die Chirurgen Philip Vogel und Joseph Bogen führten 1961 erstmalig die Trennung des Balkens (der beide Gehirnhälften miteinander verbindet) eines Patienten, der unter fortschreitender unheilbarer Epilepsie litt, durch. Dieser Balken übertrug in diesem Falle die epileptischen Anfälle auf die andere Gehirnseite und löste dort täglich bis zu zwanzig Anfälle aus. Durch diesen Eingriff gingen die Anzahl und die Schwere der Anfälle deutlich zurück (vgl. Düweke, 2001, S. 154).

Neben der deutlichen Verbesserung des Krankheitsbildes wurden auch keine Defizite hinsichtlich der Intelligenzleistungen festgestellt.
„Das Überraschendste an diesem drastischen chirurgischen Eingriff, der sogenannten Split-Brain-Operation, war, dass er sich auf den ersten Blick in keiner Weise nachteilig auf die Patienten auszuwirken schien. In der Tat ging es ihnen, nachdem die Operation die Krampfanfälle erfolgreich beseitigt hatte, viel besser. Die Patienten hatten nichts an Intelligenz eingebüßt, und es zeigte sich auch keines der typischen Symptome eines Hirnschadens, obwohl man immerhin die Verbindung zwischen den beiden Hirnhälften unterbrochen hatte" (Thompson, 2001, S. 468).

Folgende Entdeckung ist der Anlass für die von Sperry und Michael Gazzaniga durchgeführten Untersuchungen an den sogenannten Split-Brain-Patienten, welche zu der Erkenntnis führten, dass den beiden Hirnhälften sowohl unterschiedliche Aufgabenstellungen als auch Funktionalitäten zugeordnet sind.

„Eines Tages macht Sperrys Doktorand Michael Gazzaniga eine merkwürdige Entdeckung: Hält ein Patient mit der linken Hand eine Tasse, ohne sie zu sehen, kann er einfach nicht sagen, was es ist. Nimmt er die Tasse in die rechte Hand, hat er kein Problem, sie zu benennen. Ähnlich verhält es sich mit Dingen, die im linken Gesichtsfeld erscheinen. Gazzaniga zeigt dem Mann eine Karte mit dem Wort „Laus". Sieht der Mann das Wort nur in seinem linken Gesichtsfeld, dann kann er es nicht lesen. Greift er mit der Linken in eine Tasche, dann kann er nicht sagen, was er darin tastet" (Düweke, 2001, S. 156).

Eine differenzierte und ausführliche Darstellung der Versuchsanordnung sowie der Ergebnisse zur Feststellung der unterschiedlichen Leistungen der beiden Hirnhälften beschreibt Thompson.
„Wenn man der linken Hemisphäre ein Wort signalisierte, so konnte der Patient es unmittelbar sprechen und mit seiner rechten Hand schreiben. Er schien normal zu funktionieren. Im auffälligen Gegensatz dazu konnte der Patient das Wort weder sprechen noch schreiben, wenn man es der rechten Hemisphäre darbot. Trotz dieses Befundes zeigte sich bald, dass die rechte Hirnhälfte sehr wohl dazu in der Lage war, Gegenstände zu erkennen. Der Trick bestand darin, eine Weise zu finden, in der sie sich dem Experimentator mitteilen konnte. Zeigte man der rechten Hirnhälfte eine Gabel, und erlaubte man der linken Hand, die zahlreichen Gegenstände, einschließlich einer Gabel, hinter dem Schirm zu befühlen, dann wählte sie ohne Umschweife die Gabel aus und hielt sie hoch. Die rechte Hemisphäre war nonverbal, aber nicht unfähig. Nachdem er die Gabel korrekt identifiziert hatte, konnte der Patient immer noch nicht sagen, was es war. Erlaubte man allerdings der rechten Hand, die Gabel von der linken Hand zu übernehmen, sagte der Patient sofort „Gabel". Die rechte Hirnhälfte offenbarte aber doch ein gewis-

ses beschränktes Wortverständnis. Wenn man ihr einfache Wörter statt Bilder von Gegenständen auf den Bildschirm projizierte, vermochte der Patient den Gegenstand oftmals zu identifizieren, indem er ihn mit seiner linken Hand betastete. In ähnlicher Weise konnte der Patient, wenn man ihm einen Bleistift in die linke Hand hinter dem Schirm gab und eine Serie von Wörtern, einschließlich des Wortes „Bleistift", vor seiner rechten Hemisphäre passieren ließ, mit seiner linken Hand ganz korrekt das Wort „Bleistift" signalisieren. Doch konnte er das Wort immer noch nicht sprechen. Im Vergleich zur linken Hemisphäre erwies sich die rechte Hirnhälfte in räumlichen Aufgaben, wie Bauklötze anordnen oder einen Würfel dreidimensional zeichnen, deutlich überlegen"
(Thompson, 2001, S. 470).

Folgende Abbildungen sind Zeichnungen von drei Split-Brain-Patienten, welche diese mit der linken und der rechten Hand angefertigt haben.

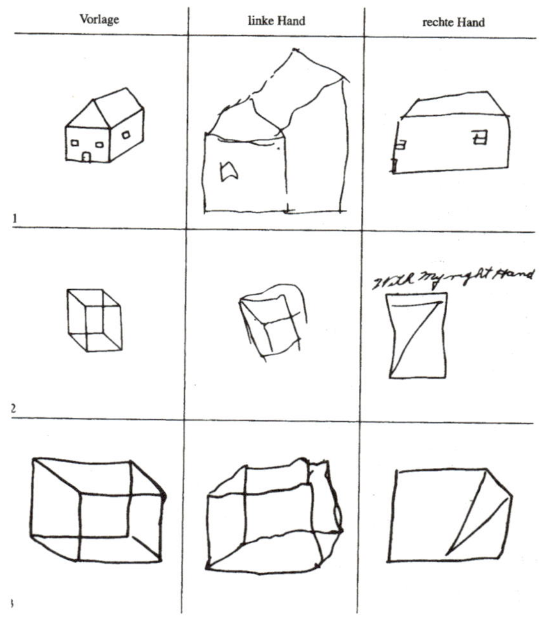

Abbildung:
Thompson, 2001, S. 471

Die Zeichnungen veranschaulichen die Überlegenheit der rechten Hemisphäre bei räumlichen Aufgaben.

1981 erhielt Sperry den Nobelpreis für Medizin und Physiologie für seine Untersuchungen über die Hemisphärenspezialisierung bei Split-Brain-Patienten
(vgl. Falk, 1996, S. 110).

5.1.5 Konsequenzen für den Unterricht

Angstfreie Lernumgebung, positive Verstärker

Effektives Lernen kann nur in angstfreier Umgebung stattfinden. Werden jene Hirnteile (Stammhirn, Limbisches System, Amygdala) aktiviert, welche für Bedrohung (Flight or fight) zuständig sind und Angst auslösen, sind so gut wie keine kreativen kognitiven Prozesse mehr möglich.

Es wird primär versucht werden, der bedrohenden Situation zu entkommen.
Für das Erlernen von Angst ist der Mandelkern (Amygdala) zuständig. Bei Angstzuständen sind normalerweise schnellerer Puls, höherer Blutdruck und verstärkte Muskelspannung die Begleiterscheinungen.

Angst als Begleiterscheinung des Lernens führt zu zwei negativen Auswirkungen:
1) Die Angst wird mitgelernt. Dies bedeutet, dass der Lerninhalt gleichzeitig mit einem Angsterleben verknüpft ist.
2) Lernen unter Angst (negativer emotionaler Kontext) ermöglicht nur sehr einfache Lösungsstrategien. Die Studierenden sind zu keinen kreativen Lösungsansätzen fähig.

Dass dieses Ergebnis ein biologisch geschichtliches Erbe darstellt, stellt Spitzer sehr bildhaft dar.
„Angst verändert vielmehr nicht nur den Körper in Richtung auf (wie die Amerikaner so schön und kurz sagen) *Flight or Fight*, sondern auch den Geist. Kommt der Löwe von links, läuft man nach rechts. Wer in dieser Situation lange fackelt, kreative Problemlösungsstrategien entwirft oder gar die Dinge erst einmal auf sich wirken lässt, lebt nicht lange. Eine ganze Reihe von Befunden spricht dafür, dass Angst einen ganz bestimmten *kognitiven Stil* produziert, der das rasche Ausführen einfacher gelernter Routinen erleichtert und das lockere Assoziieren erschwert" (Spitzer, 2002, S. 164).

„Wer Prüfungsangst hat, der kommt einfach nicht auf die einfache, aber etwas Kreativität erfordernde Lösung, die er normalerweise leicht gefunden hätte. Wer unter dauernder Angst lebt, der wird sich leicht in seiner Situation ‚festfahren', ‚verrennen', der ist ‚eingeengt' und kommt ‚aus seinem gedanklichen Käfig nicht heraus'" (Spitzer, ebd.).

Je nach dem, in welchem emotionalen Kontext Lerninhalte gespeichert werden, sind völlig unterschiedliche Bereiche im Gehirn aktiv.
Beim Lernen mit positivem emotionalem Kontext ist der Hippokampus aktiv.
Erfolgt Lernen unter/mit Angst, so sind die Aktivitäten im Bereich der Amygdala messbar. Findet Lernen in einer emotional neutralen Umgebung statt, so wird der frontale Kortex aktiviert.
„Wir konnten nachweisen, dass der emotionale Kontext, in dem die Einspeicherung der Wörter geschieht, einen modulierenden Einfluss auf die spätere Erinnerungsleistung hat. So wurden diejenigen Wörter am besten erinnert, die in einem positiven emotionalen Kontext eingespeichert wurden (...), während das erfolgreiche Einspeichern von Wörtern in positivem emotionalem Kontext eine Aktivität im Bereich des Hippokampus und Parahippokampus zeigte, fand sich eine Aktivierung der Amygdala während des erfolgreichen Einspeicherns in negativem emotionalem Kontext. Erfolgreiches Einspeichern in neutralem Kontext aktiviert den frontalen Kortex" (Spitzer, 2002, S. 165f).

Die Reproduktion der aufgenommenen Inhalte wird immer mit dem Angstgefühl gekoppelt bleiben. Die Lernleistung wird sich auf den niedrigsten Lernlevel, nämlich auf die Fähigkeit der reinen Reproduktion, beschränken.

Aufgrund der Kombination mit der Angst sind die Rezipienten in den meisten Fällen nicht in der Lage, kreative neue Lösungen für anstehende Problemstellungen zu finden.

Grundsätzlich ist in der Lehre zu berücksichtigen, **dass Inhalte, die durch Gefühlskomponenten unterstützt werden, höhere Behaltewerte** als emotional neutral präsentierte Inhalte **besitzen**.

„Seit den Studien von Cahill und Mitarbeitern zu den Auswirkungen emotionaler Prozess auf Lernen und Gedächtnis wurde die Bedeutung des emotionalen Zustands, in dem sich eine Person zum Zeitpunkt des Einspeicherns von Informationen befindet, auf Gedächtnisprozesse und Behaltensleistung immer wieder untersucht. .... Die direkte Auswirkung der emotionalen Tönung neutraler Inhalte auf die Gedächtnisleistung und den Ort der beteiligten Gedächtnisprozesse wurde kürzlich durch eine Studie von Erk und Mitarbeitern sehr eindrucksvoll gezeigt. .... Die Studie konnte nachweisen, dass der emotionale Kontext, in dem die Einspeicherung der Wörter geschieht, einen modulierenden Einfluss auf die spätere Erinnerungsleistung hat. So wurden diejenigen Wörter am besten erinnert, die in einem positiven emotionalen Kontext eingespeichert wurden" (Spitzer, 2003, S. 94f).

„Emotionen spielen beim Lernen eine zentrale Rolle. An sich neutrales Material wird, je nachdem in welchem emotionalen Zustand es gelernt wird, unter Beteiligung jeweils anderer Bereiche des Gehirns gespeichert. Wird unter Angst gelernt, kann die Angst „mitgelernt" werden; das führt dazu, dass sie auch beim Abruf des Gelernten wieder auftritt. Angst verhindert jedoch das Problemlösen. Wer Angst hat, wird sich leicht in seiner Situation „festfahren", „verrennen", ist „eingeengt" und findet aus seinem gedanklichen Käfig nicht heraus" (S. 6, Broschüre: Netzwerk für Gehirnforschung und Schule, 30.8.2004)

Hirnscanns belegen aufgrund der aktivierten Hirnbereiche, dass Lernen bei guter Laune am besten funktioniert (vgl. Spitzer, 2002, S. 167)

Eine Wiederholung gewünschter Verhaltensmuster wird vor allem durch Aktivierung des Belohnungssystems erreicht.

Wiederholungen

Die alt bekannte Aussage „Übung macht den Meister" erhält durch die Forschungsergebnisse seine biologische Begründung. Lerninhalte können in der Regel nur durch Wiederholungen anatomisch (in Form zusätzlicher synaptischer Verbindungen) verankert werden.
„Wiederholtes Sensitivierungstraining (Übung) veranlasst Neurone, neue Endigungen auszubilden und so die Voraussetzung für das Langzeitgedächtnis zu schaffen ..." (Kandel, 2006, S. 237).

Das Kurzzeitgedächtnis stellt eine funktionale Änderung (Freisetzung von Transmittersubstanzen) der Synapsenstärke dar. Um Inhalte langfristig abspeichern zu können, sind biologische Veränderungen (Wachstum zusätzlicher neuronaler Verbindungen) notwendig. Dies kann vor allem durch gezielte Wiederholungen erreicht werden. Kandel weist in diesem Zusammenhang auf die umfangreichen Forschungsergebnisse mit der Meeresschnecke (Aplysa) hin.
„Unsere Experimente an der Aplysia zeigten ferner, dass die Plastizität des Nervensystems – die Fähigkeit der Nervenzellen, die Stärke und sogar die Anzahl der Synapsen zu verändern – der Mechanismus ist, der Lernen und Langzeitgedächtnis zugrunde liegt“ (Kandel, 2006, S. 240).

Einbindung beider Hirnhälften

Linke und rechte Hirnseite haben unterschiedliche Fähigkeiten. Im schulischen Alltag wird primär die linke Gehirnseite (Sprache) gefordert. Um die Hirnkapazität zu nutzen und gleichzeitig auf nonverbale Speicherkapazitäten zurückgreifen zu können, ist eine konsequente Unterstützung mit Bildern, Graphiken, Mind Maps, Originalteilen, etc. gefordert.

Bilder, Objekte und Emotionen

Um rechte und linke Hirnhälfte im Unterricht einzubinden, sollen Bilder und Objekte zum Einsatz kommen. Ebenso werden Gefühle, die angesprochen werden, andere Hirnteile aktivieren und die Speicherung unterstützen.

Methoden wie Mind Mapping, das Handling mit realen Objekten, etc. verursachen beidseitige Hirnaktivitäten. Das Erzählen von Geschichten, kann Bilder im Kopf erstehen lassen.

„Ein guter Lehrer wird Geschichten erzählen“ (Spitzer, 2002, S.35)
„Geschichten treiben uns um, nicht Fakten. Geschichten enthalten Fakten, aber diese Fakten verhalten sich zu den Geschichten wie das Skelett zum Menschen. Wer glaubt, beim Lernen gehe es darum, Fakten zu büffeln, der liegt völlig falsch: Einzelheiten machen nur im Zusammenhang Sinn, und es ist dieser Zusammenhang und dieser Sinn, der die Einzelheiten interessant macht. Und nur dann, wenn die Fakten in diesem Sinne interessant sind, werden wir sie auch behalten“ (Spitzer, ebd.).

Dieses Erzählen von Geschichten ist eine Möglichkeit einerseits die Aufmerksamkeit der Schüler zu erreichen, andererseits auch die Behaltewerte zu verbessern.

Aufmerksamkeitssteuerung („Attention maker“)

Eine Möglichkeit des “Einschaltens” der Aufmerksamkeit und somit einer Einleitung des Lernvorgangs kann nach Bowman durch den Einsatz von Emotionen erreicht werden.
„Emotion directs attention, which directs learning“ (Bowman, 2005, S. 137).

Der Mechanismus der Aufmerksamkeitssteuerung wird von Bowman recht bildhaft dargestellt:

Sie sitzen in einer Vorlesung (Workshop, etc). Es wird ein neues Softwareprogramm vorgestellt und erläutert. Nach einer Weile des Zuhörens driften die Gedanken ab und beschäftigen sich damit, welche Besorgungen vor dem Abend noch zu erledigen sind. Plötzlich realisieren Sie, dass Sie kein Wort der letzten dreißig Minuten mitbekommen haben. Auch wenn Ihr Leben jetzt davon abhängen würde, Sie könnten nichts von den letzten dreißig Minuten wiedergeben.
Was ist geschehen? Ein Teil Ihres Hirns, etwa in der Größe ihres kleinen Fingers hat den Befehl zum Abschalten gegeben und Ihnen ein geistiges Abwandern erlaubt. Es schirmt das Gehirn von allen Daten ab (visuelle Inputs, Töne, Texte, Gerüche, Bewegungen), die als unwichtig in Betracht gezogen werden.
„A part of your brain – about the size of your little finger – took over. This small but mighty brain part said to your conscious mind, "Been here, done this. I can handle it. You can take a hike“. And that´s exactly what your conscious mind did. It busied itself with other thoughts as you sat listening to the lecture. All the while, this tiny piece of gray matter was screening out sensory data – sights, sounds, textures, smells, movement – that is considered unimportant, including the sound of the instructor´s voice (Bowman, 2005, S. 142).

Nach Bowman wird diese Aufmerksamkeit und somit das aktive Hinwenden zum Lerninhalt durch das „reticular activating system“ (RAS) gesteuert. Dieser „Attention Maker“ liegt nahe dem Hirnstamm und sendet elektrische Impulse vom Hirnstamm durch das Limbische System zum Cerebrum. Dadurch wird Aufmerksamkeit hergestellt oder unterbrochen.

"The Attention Maker has two specific jobs: it 'makes' or 'breakes' attention. The first job is to make your thinking brain pay attention to what is going on in the environment. The second job is to break or stop your thinking brain´s attention to the environment, causing the cerebrum to go on 'automatic pilot', that is, to do certain actions automatically while thinking other things" (Bowman, 2005, S. 143).

Eine von vielen Möglichkeiten zur Aufmerksamkeitssteigerung ist die aktive Einbindung der Zuhörer (zB. Anordnung im Sitzkreis) durch Zuwerfen eines Softballs. So wie der Ball zugeworfen wird, erfolgt eine Frage (oder Einforderung eines Statements) an den Studenten. Da es für die Rezipienten nicht vorhersehbar ist, wann sie an der Reihe sind, wird der Aufmerksamkeitspegel automatisch höher liegen.

Ausführen und Üben manueller Tätigkeiten

Eine Abspeicherung im prozedualen (impliziten) Gedächtnis wird vor allen durch wiederholtes Ausführen bestimmter Tätigkeiten (motorische Ausübung) erreicht.

Bei Schülern mit kognitiven Schwächen könnten somit gewisse Fähigkeiten und Fertigkeiten über andere (beispielsweise motorische) Zugänge vermittelt und gefördert werden.
Dies bedeutet, dass auch bei geringeren kognitiven Leistungsfähigkeiten durchaus gute motorische Fähigkeiten möglich sind und gespeichert werden können.

Die Untersuchungen von Milner belegen, dass sogar nach Entfernung des Hippokampus und der medialen Temporallappen Lernerfolge erzielt werden können.

„Mit neun Jahren wurde H.M von einem Radfahrer umgefahren. Er trug eine Kopfverletzung davon, die schließlich zu einer epileptischen Erkrankung führte. Im Laufe der Zeit verschlimmerten sich seine Anfälle so, dass er bis zu zehn Bewusstseinsstörungen und einen schweren Anfall pro Woche erlitt. Mit 27 Jahren war er schwerbehindert. Da man glaubte, H. M.s Epilepsie gehe vom Temporallappen (genauer, dem medialen Temporallappen) aus, entschloss sich Scoville, als letzten Ausweg in beiden Hirnhälften die Innenfläche des Temporallappens einschließlich des Hippocampus zu entfernen, der tief im Temporallappen verborgen liegt. Die Operation war insofern erfolgreich, als sie H.M. von seinen Anfällen befreite; sie verursachte jedoch einen verheerenden Gedächtnisverlust, von dem sich der Patient nie wieder erholte. Nach seiner Operation im Jahr 1953 blieb H.M derselbe intelligente, freundliche und amüsante Mensch, der er immer gewesen war, aber er war unfähig, irgendwelche neue Erinnerungen dauerhaft im Gedächtnis zu speichern“ (Kandel, 2006, S. 145f).

„Jahrelang glaubte Milner, H.M.s Gedächtnisdefekt sei vollständig, das heißt, der Patient sei unfähig, jedwede Inhalte des Kurzzeitgedächtnisses in das Langzeitgedächtnis zu überführen. Doch 1962 gelang es ihr, ein weiteres Prinzip über die biologische Grundlage des Gedächtnisses aufzuzeigen: Die Existenz von mehr als einer Gedächtnisart. Vor allem fand Milner heraus, dass es neben dem bewusstem Gedächtnis, das auf den Hippocampus angewiesen ist, ein unbewusstes Gedächtnis gibt, das seinen Sitz außerhalb des Hippocampus und des medialen Temporallappen hat“ (Kandel, 2006, S. 149).

„Milner demonstrierte diese Unterscheidung, indem sie zeigte, dass für die beiden Gedächtnisarten verschiedene anatomische Systeme zuständig sind“ (Kandel, ebd.).
„H.M. war durchaus in der Lage, sich an bestimmte Dinge, die er lernte, auch langfristig zu erinnern – das heißt, er verfügte über eine Form des Langzeitgedächtnisses, das nicht vom medialen Temporallappen und Hippocampus abhing. Er lernte die Umrisse eines Sterns zu zeichnen, den er in einem Spiegel sah, und verbesserte diese Fähigkeit von Tag zu Tag wie jemand ohne Hirnschädigung. ... Doch obwohl sich H.M.s Leistung mit jedem Tag steigerte, konnte er sich nie daran erinnern, dass er die Aufgabe an einem anderen Tag schon einmal ausgeführt hatte“ (Kandel, 2006, S. 149).

Das Erlernen zeichnerischer Fertigkeiten war nur eine von zahlreichen Fähigkeiten, die H. M. erhalten blieben. Diese erhalten gebliebenen Lernfähigkeiten ließen sich auch bei anderen Menschen mit Schädigung des medialen Temporallapens und des Hippocampus nachweisen (vgl. Kandel, 1999, S. 149).

5.2 Ergebnisse der Unterrichtsforschung

5.2.1 Lernen als aktiver Prozess

Der Lernprozess stellt einen äußerst **individuellen aktiven** Vorgang dar. Jeder Student bringt andere Rahmenbedingungen (Vorwissen, Lernstrategien, Lerntypus, etc.) mit. Um Lernerfolge erreichen zu können, muss die geistige (und motorische) Auseinandersetzung mit der Thematik erfolgen.

Erst die aktive Auseinandersetzung der Rezipienten mit dem Lernstoff trägt zu einem Lernerfolg bei. Reines passives „Berieseln" mit Inhalten hat nur geringe bis keine Auswirkungen auf die Speicherleistung. Somit eignet sich der reine Frontalunterricht vor allem für die Darlegung und Präsentation von Inhalten. Er dient also dazu, eine Übersicht zu geben, welchen Umfang die Thematik annehmen kann, welche Lösungsmöglichkeiten vorhanden sind, welche Formeln Anwendung finden, etc. Nur wenige Lernende werden in der Lage sein, die so dargebotenen Inhalte auch zu speichern.

Lernen im Sinne einer bewussten Aufnahme und Speicherung ist kein passiver Vorgang, sondern setzt eine aktive Auseinandersetzung mit den zu lernenden Inhalten voraus.
„Was können oder müssen wir tun, um besser zu lernen? Lernen ist kein passiver Vorgang; weder neurowissenschaftlich noch psychologisch gesehen. Das bedeutet, dass wir nicht alleine durch das Konsumieren von Inhalten lernen können. (...) Wollen wir Informationen längerfristig abspeichern, müssen wir – bzw. unsere Nervenzellen – aktiv werden" (Brand, 2006, S. 21f.).

Der erste Hauptaufgabenbereich des Vortragenden umfasst die Bereitstellung und Schaffung optimaler Lernumgebungen (angstfreies Lernumfeld), sowie eine Konstruktion von Lernmöglichkeiten, in denen die Lernenden aktiv werden können, wenn tatsächliches Lernen (im Sinne von Aktivierung der neuronalen Verbindungen) erfolgen soll.

„Lernen ist ein einzigartiger und konstruktiver Prozess. Wir können folglich nur Lernumgebungen bereitstellen – lernen muss jede Person für sich allein!"
(Wahl in Hepting, 2004, S. 8).

5.2.2 Lernen als individueller Prozess (Lerngeschwindigkeit)

Der Lernvorgang ist als ein äußerst individuell stattfindender Prozess anzusehen. Abhängig vom Lerntypus (visueller, auditiver oder kinästhetischer Typ) werden die angebotenen Lerninhalte je nach Darbietungsart unterschiedlich rasch aufgenommen werden können. So werden auditive Lerntypen aus einem sprachlichen Vortrag mehr Gewinn erzielen wie visuell veranlagte Rezipienten und umgekehrt.

Kinder (ebenso wie Jugendliche und Erwachsene) haben individuelle Lerntempi. Die Aufnahmegeschwindigkeit ist von unterschiedlichen Faktoren abhängig. Je nach Lern-

typ und nach vorhandenem neuronalem Netzwerk werden die Aufnahme- und Speichermöglichkeit der Rezipienten in Abhängigkeit von der Darbietung der Inhalte (rein verbale Darbietung, Unterstützung mit Bildern, Originalteilen, etc.) vermindert bzw. unterstützt.
Bei gleichem Lerntypus spielt jedoch das bislang für den Gegenstand (Inhalt) benötigte bereichsspezifische Vorwissen die entscheidende Rolle.
Wie Wahl darstellt, kann sich die **Zeit um einen bestimmten Inhalt zu lernen**, je nach Vorwissen um den Faktor 5 (25 statt 5 Minuten) bei Probanden in der Primärschule und **bis zum Faktor 9** (45 statt 5 Minuten!) in heterogenen Teilnehmergruppen der Erwachsenenbildung erhöhen.

Bereits Bloom (1973) bezifferte die Lerntempo-Unterschiede in der Primärschule mit dem Faktor 1:5. Die langsamsten Kinder benötigen die bis zu fünffache Zeit, um zu einem gleichen Lernergebnis zu kommen wie die schnellsten Lernenden unter ihnen. In den weiterführenden Schulen kommt es zu einer Reduktion der Lerntempounterschiede. Der Grund dafür liegt in der vorangegangenen Auslese nach Lernerfolg. Spätestens in der Erwachsenenbildung, wo heterogene Gruppen mit unterschiedlichsten Voraussetzungen aufeinander treffen, kommt es wieder zu einer Erhöhung der Lerntempounterschiede. Wahl führt hier als Beispiel das Lesen erziehungswissenschaftlicher bzw. pädagogisch psychologischer Studientexte, verbunden mit der Bearbeitung von Selbststudien-Aufgaben, an. Hier konnten, Lerntempounterschiede bis zum Faktor 1:9 festgestellt werden (vgl. Wahl, Diethelm: Lernumgebungen erfolgreich gestalten. Bad Heilbrunn, 2006, S. 101).

Wahl kommt zur Schlussfolgerung, dass angesichts dieser Fakten ein Unterrichten mit Methoden, welche keine individuellen Phasen der Stoffbewältigung vorsehen, sinnlos ist. Unterrichtsformen, welche ein gleiches Lerntempo der Schüler implizit annehmen, sind für das Lehren (mit der Anforderung, dass die Studierenden bereits in der Unterrichtseinheit Lernfortschritte erzielen) völlig ungeeignet. Welches Unterrichtstempo auch immer gewählt wird, es werden immer gleichzeitig Überforderungen für einzelne Schüler als auch Unterforderungen für andere Schüler auftreten.

„Die enormen Unterschiede im Lerntempo in Schule, Hochschule und Erwachsenenbildung lassen es als unsinnig erscheinen, die Lernenden „im Gleichschritt“, also in einem gemeinsamen Lerntempo zu unterrichten. Für die Lernenden mit guten bereichsspezifischen Vorkenntnissen, guten Lernstrategien usw. wird das eingeschlagene Lerntempo zu gering sein. Sie müssen ständig warten, bis die anderen Teilnehmer ihre Verständnis-Stufe erreicht habe. Das untergräbt ihre Lernmotivation. Der Lernprozess erscheint ihnen uninteressant, redundant und wenig effektiv. Für die Lernenden mit geringen bereichsspezifischen Vorkenntnissen, ungünstigen Lernstrategien usw. wird das vorgegebene Lerntempo zu hoch sein. Sie verstehen vieles (noch) nicht, weil ihnen dazu die Vernetzungen fehlen. Sie machen (noch) viele Fehler. Beides untergräbt die Lernmotivation. Der Lernprozess erscheint ihnen vor allem zu Beginn schwierig bis nicht bewältigbar. Die Lehrpersonen stehen damit vor einem unlösbaren Dilemma: Welches Lerntempo sie auch wählen, es wird immer eine beträchtliche Anzahl an Teilnehmenden geben, die damit nicht zurecht kommen“ (Wahl, Diethelm: Lernumgebungen erfolgreich gestalten. Bad Heilbrunn, 2006: S. 102).

5.2.3 Faktoren für den Lernerfolg

In den meisten pädagogischen Referaten, Vorträgen und Diskussionen wird Motivation als der entscheidende Faktor bezüglich des Lernerfolgs hingestellt. Auch in der Alltagstheorie unserer Lehramtsstudenten, sowie des Lehrerkollegiums (von Fachhochschule, Pädagogische Hochschule, HTL und Berufsschulen in Kärnten) wurde mit überwiegender Mehrheit der Faktor Motivation als ausschlaggebend für den Lernerfolg bezeichnet. Zum gleichen Ergebnis kamen die Autoren bei einer Befragung von Lehrerkollegen im Rahmen der pädagogischen Konferenz an der Nanyang-Universität in Singapur 2007.

Nach Wahl ist das Vorwissen der wichtigste Faktor für den Lernerfolg. Die Motivation liegt nach dem Intelligenzquotienten (Voraussetzung: die Probanden liegen im Normalbereich) an dritter Stelle der Wichtigkeit. Folgende Korrelationen zeigen den Zusammenhang:

Korrelation zwischen Lernerfolg und folgenden Faktoren

- Bereichspezifische Vorkenntnisse und Lernerfolg r = 0,7
- Intelligenz und Lernerfolg r = 0,5 (r = 0,3)
- Interesse und Lernerfolg r = 0,2

Der höchste Zusammenhang besteht zwischen Vorwissen und Lernerfolg, die Korrelation zwischen Intelligenz und Lernerfolg nimmt einen mittleren Wert ein. Der geringste Zusammenhang besteht zwischen Motivation und Lernerfolg.

„Die Korrelationen zwischen Intelligenz und Lernerfolg liegen meist bei r=0,5, das ist ein mittlerer Zusammenhang. Aber Vorsicht, diese Zahl ist nicht konstant. Sie gilt nur für den Fall, dass eine Person über ein bestimmtes Lehrplanthema noch nicht viel weiß. Sind Schülerinnen und Schüler jedoch mittendrin in einer Thematik, haben sie also schon wichtige Kenntnisse gesammelt, dann sinkt die Bedeutung der Intelligenz ab auf Werte zwischen r=0,3 und r=0,0. Das bedeutet, dass die Intelligenz gegen Ende eines Lernprozesses, nämlich dann, wenn spezielle Kenntnisse gefragt sind, eine geringe bis gar keine Rolle mehr spielt“ (Diethelm Wahl: Lernen heute In: Innovative Formen des Lehrens und Lernens. Lehren und Lernen Heft 10/2005. Herausgegeben von Roland Hepting).

5.2.4 Konsequenzen für den Unterricht

Basiswissen klar strukturiert darbieten/erläutern

Da die Rezipienten unterschiedliche Voraussetzung hinsichtlich ihrer Lerngeschwindigkeiten aufweisen, ist ein gemeinsames Unterrichten (bezogen auf einen beabsichtigten Lernerfolg) nahezu unmöglich.

Aufgrund der Korrelation zwischen Lernerfolg und Vorwissen ist es eine logische Folgerung, die Lernenden möglichst anfangs auf eine gemeinsame Basis zu bringen. Basiswissen soll klar strukturiert dargeboten werden. Für diejenigen Schüler, welche bereits

Erfahrungen gesammelt haben, dient dieser Schritt als Wiederholung. Für den nicht vorbelasteten Teil der Rezipienten wird das benötigte Vorwissen klar ersichtlich.

Wechsel zwischen individuellen und kollektiven Lernphasen

Eine Möglichkeit, den individuellen Voraussetzungen zu entsprechen, ist die Unterrichtspraxis, welche Wahl als Sandwichmethode bezeichnet. Hier werden kollektive Phasen wiederholt durch individuelle Lernphasen unterbrochen.

„Wegen der oben beschriebenen verschiedenen Aspekte der Einzigartigkeit muss man vielmehr annehmen, dass die vermittelten Inhalte von jeder Person auf die für sie zutreffende Weise aufgenommen, vernetzt und bewertet wurden. Wenn dies richtig ist, dann bleibt als einzige Konsequenz, den Lernenden möglichst umfangreiche Phasen anzubieten, in denen sie sich ganz persönlich mit den Inhalten auseinandersetzen können. Das Sandwich-Prinzip stellt dabei lediglich eine Mindestanforderung dar. Es schreibt vor, Vermittlungsphasen systematisch zu unterbrechen, um es den Lernenden zu ermöglichen, das Gehörte oder Gelesene mit den eigenen Vorkenntnissen zu vernetzen und auf seine Bedeutung für das eigene Handeln hin zu analysieren" (Wahl, Diethelm: Lernumgebungen erfolgreich gestalten. Bad Heilbrunn, 2006, S. 103).

5.3 Ergebnisse der Ermutigungspädagogik

Befinden sich Schüler bzw. Studenten in einem emotional belastenden Zustand, so fehlen die grundlegenden Voraussetzungen für einen erfolgreichen Lernprozess. Diese problematischen Situationen können sich aus Ablehnung durch den Klassenverband aber auch durch familiäre Belastungen (Scheidung der Eltern, Alkoholismus in der Familie, Todesfall, Missbrauch, etc.) ergeben.
Schüler, welche um das soziale Überleben im Klassenverband kämpfen, sind vorrangig mit anderen Problemfeldern als der Beherrschung der Unterrichtsinhalte beschäftigt.
Für die Betroffenen muss einerseits eine Atmosphäre des Verständnisses und der Unterstützung geschaffen werden. Andererseits sollen sie speziell bei Angriffen aus dem Klassenverband eine Hilfestellung durch den Pädagogen erwarten können. Dieser soll ihnen das Gefühl vermitteln, in einem sicheren und gerechten Umfeld Ausbildung und Weiterbildung konsumieren zu können.
Altgediente Pädagoginnen und Pädagogen könnten der Versuchung unterliegen, dies als „Kuschelpädagogik" zu klassifizieren. Bei genauer Betrachtung der Ermutigungspädagogik ist jedoch leicht ersichtlich, dass gerade hier klare Grenzen und Aufgaben festgesetzt werden, wobei die steigende „Konsumentenhaltung" der Schüler kritisiert wird. „Leider wachsen unsere Kinder mit dem Gefühl auf, daß das Leben ihnen alles bieten muß und sie selbst wenig Verpflichtungen haben" (Dreikurs, 2002, S. 26).
Es sollen Verantwortungen übertragen und Anforderungen an die Schüler gestellt werden. Es wird unter anderem auf die Gefahr in der Entwicklung aufgrund eines Erziehungsstils der auf Verwöhnung hin ausgerichtet ist, hingewiesen:
„Eine stark verwöhnende Erziehung verhindert tendenziell die Herausbildung von wichtigen Persönlichkeitsressourcen und Problembewältigungsmechanismen"
(Frick, 2004, S. 78).

Gleichzeitig soll jedoch dem Verlangen des Individuums, als Mensch in der Gemeinschaft angenommen und anerkannt zu werden, entsprochen werden.
Das grundlegende Verlangen des Menschen nach Gemeinschaft wird von Dreikurs treffend formuliert:
„Der Drang, sich den gegebenen Bedingungen seiner Umwelt anzupassen, ist der Ausdruck der sozialen Natur des Menschen. Als soziales Lebewesen sucht jeder Mensch seinen Platz im Leben, in der Gemeinschaft, zu der er gehört. Dies ist selbst der Fall, wenn Menschen sich anscheinend unsozial benehmen. Auch dies drückt ihren Willen zur Zugehörigkeit aus; obwohl die Mittel, die so ein Mensch gewählt hat, unzulänglich und verfehlt sind, drücken sie doch die Einstellung des Menschen zur Gemeinschaft aus und müssen als solche erkannt und verstanden werden" (Dreikurs, 2002, S. 21f.).
In den letzten Jahren ist eine permanente Veränderung vor allem bezüglich der „Qualität" der Gewalt an Schulen zu verzeichnen. Die Übergriffe werden zunehmend brutaler und rücksichtsloser durchgeführt. Zudem werden die ausübenden Gewalttäter immer jünger.
Die Berücksichtigung von Ergebnissen aus dem Bereich der Individualpsychologie, beziehungsweise der Einsatz der Ermutigungspädagogik erwies sich (in einem zweijährigen Versuch an unterschiedlichen Berufsschulen Kärntens) als wirksames Instrument bei der Bewältigung dieser Probleme (Dokumentierung der Umsetzung an der Pädagogischen Hochschule Kärntens. Titel: Ermutigungspädagogik im Schul- und Wirtschaftsbereich. Band 1 und 2, 2005).
Da viele Fortbildungsveranstaltungen (Seminare, Workshops, etc.) zur Thematik des Umgangs mit verhaltensauffälligen Schülern bzw. zum Umgang mit Gewalt an Schulen nur sehr kurzfristige Änderungen herbeiführten, wurde dieses Modell als Ausbildungslehrgang implementiert.
Da bei „normalen" Fortbildungsveranstaltungen der (euphorische) Effekt bereits nach einigen Tagen Schulrealität wieder verflogen ist, wurde bei diesem Projekt ein völlig neuer Ansatz gewählt. Die Ausbildung zum Encouragement Trainer (unter Dr. Soheyla Warnung) dauerte über zwei Jahre und war mit der Schulpraxis und der Berufspraxis eng verknüpft. Mitarbeiter der eingebundenen Betriebe sowie Lehrer nahmen gemeinsam an dieser zweijährigen Ausbildung teil. Über den gesamten Zeitraum waren Module aus dem Bereich der Ermutigungspädagogik zu üben, zu reflektieren und einem zugeteilten externen Betreuer zu übermitteln. Diese Berichte wurden wiederum von den externen Betreuern an die jeweiligen trainierenden Pädagogen reflektiert retourniert. Ziel dieser Vorgangsweise war es, aufgrund der konstanten Beschäftigung mit der Thematik im „Echtzeitbetrieb" tatsächliche Änderungen in der Wahrnehmung und in den Verhaltensmustern der agierenden Pädagogen und Arbeiter (bzw. Angestellten der Betriebe) zu erreichen.

Da die genaue Darstellung der Inhalte den Rahmen dieses Buches überschreitet, werden im Folgenden lediglich die Konsequenzen für die Unterrichtstätigkeit aufgezeigt. Der interessierte Leser wird an dieser Stelle auf die Literatur verwiesen.

5.3.1 Konsequenzen für den Unterricht

Die meisten verhaltensauffälligen Schüler waren entmutigte Schüler. Entmutigt ist im Sinne von nicht angenommen oder nicht akzeptiert zu verstehen. Letztendlich wollten sie durch ihre Auffälligkeiten Zuwendung und Anerkennung erhalten. Die Endstation der Entmutigung ist in einem Falle die Gewalt gegen sich selbst (Selbstzerstörung durch Drogen, „Ritzen", Suizid) oder die Anwendung von Gewalt gegenüber anderen Personen (bis hin zur Tötung von Mitschülern und Lehrern). Letztlich handelt es sich bei beidem um einen Hilfeschrei, um wieder in der Gemeinschaft aufgenommen und anerkannt zu werden.
Nach Adler ist der Mensch ein soziales Wesen und kann ohne die Annahme durch eine Gesellschaft nicht (normal) existieren. Versuche zur Deprivation oder auch das Phänomen des Hospitalismus (Tod von Menschen in Krankenhäusern allein durch fehlende Zuwendung) veranschaulichen die soziale Abhängigkeit des Menschen drastisch.

Solange kein emotionaler Zugang zu den betroffenen Schülern/Studenten gefunden wird, können Unterrichtserfolge kaum erwartet werden. Störverhalten in unterschiedlichsten Ausprägungen werden den Unterrichtsalltag prägen. Sämtliche Maßregelungen, Zurechtweisungen, etc. werden von diesen Schülern als Zuwendung gewertet. In ihrem Verlangen, wahrgenommen zu werden, sind alle Aktivitäten möglich. Für die betroffenen Schüler ist es allemal besser als Rebell, Klassenkasper oder als Person mit den größten Verfehlungen aufzufallen (und von einigen Mitschülern bewundert), als überhaupt nicht wahrgenommen zu werden.
In diesem Fall ist aufgrund der Auffälligkeit die Möglichkeit gegeben rasch zu handeln. Es können positive Leistungen oder Talente diese Schülers vor der Klasse artikuliert werden.
Folgende Beispiele für mögliche Interventionen sollen der Verdeutlichung dienen:
Schüler A (Lehrling Elektrotechnik, dritte Klasse) verursachte durch permanente Provokationen gegenüber dem Lehrpersonal eine problematische Situation. Es konnte vom Klassenlehrer eruiert werden, dass der Betrieb des Schülers elektrotechnische Zeichnungen fertigt.
Intervention: Der Schüler wurde gefragt, ob er mit seiner Firma Kontakt aufnehmen und eine originale Zeichnung für den Unterricht besorgen könnte. Weiters bemerkte der Lehrer, dass die Abbildungen in den Büchern zu wenig praxisbezogen sind und es Spitze wäre, den Schülern einen echten Plan zeigen zu können. Der Pädagoge betonte, dass es sehr schwer sei, so eine Zeichnung zur Verfügung gestellt zu bekommen, aber vielleicht könnte der Schüler es schaffen.
Bereits am nächsten Tag überreichte der Schüler stolz einen Originalplan. Diese Mitarbeitsleistung wurde vor dem Klassenforum sehr gelobt. Das Störverhalten dieses Schülers nahm ab diesem Zeitpunkt abrupt ab. Der Schüler bot sich im Verlauf des Jahres immer wieder an, gewisse Kontakte zum Betrieb herzustellen.

Wesentlich schwerer ist es, jene Personen zu registrieren, welche ihre Aggressionen gegen sich selbst richten (Selbstzerstörung), da sie in der Regel keine Auffälligkeiten zeigen.

Folgende Verhaltensregeln tragen zu einer wesentlichen Verbesserung des Unterrichts-klimas (und auch zum Unterrichtserfolg) bei:

- Übertragen von Verantwortung auf (problematische) Schüler
- Vermittlung des Gefühls wichtig zu seins
- Gegenseitiger respektvoller und gleichwertiger Umgang
- Einbindungen der Schüler in Entscheidungen

5.4 Unterrichtstechnologische Praxis

Im Laufe 15jähriger Unterrichtsbeobachtung wurde festgestellt, dass die unterrichtstechnologischen Mindestanforderungen an Präsentationen speziell in technischen Bildungseinrichtungen sowie an Universitäten kaum Berücksichtigung fanden. Die Gründe dafür sind einerseits in der „Technikverliebtheit“ (Powerpointpräsentationen nehmen rasant zu), anderseits im Nichtwissen über rezeptionspsychologische Grundlagen zu suchen. Vielerorts ist man der Überzeugung, mit dem Einsatz neuester Technologien (Interaktive Smartboards, Multimediale Powerpointpräsentationen, etc.) auch die eigentlichen unterrichtstechnologisches Anforderungen erfüllt zu haben.
Zur Hilfestellung für die eigene Unterrichtstätigkeit des Lesers werden folgende grundlegende unterrichtstechnologische Anforderungen angeführt.

5.4.1 Unterrichtstechnologische Anforderungen

Diese Empfehlungen mögen für viele „Medien erprobte“ Pädagogen banal und selbstverständlich klingen. Da im Rahmen von Unterrichtsbeobachtungen an technischen Schulen in Kärnten (2007) diesen Mindestanforderungen jedoch sehr oft nicht entsprochen wurde, soll die folgende Übersicht von einzuhaltenden Regeln einen Leitfaden im Umgang mit Overhead und Beamer darstellen.

Präsentationsfläche

Die präsentierte Folie soll sich auf der dafür vorgesehenen Projektionsfläche und nicht auf Plafond, Wandvorsprüngen, Möbeln, etc, wieder finden.

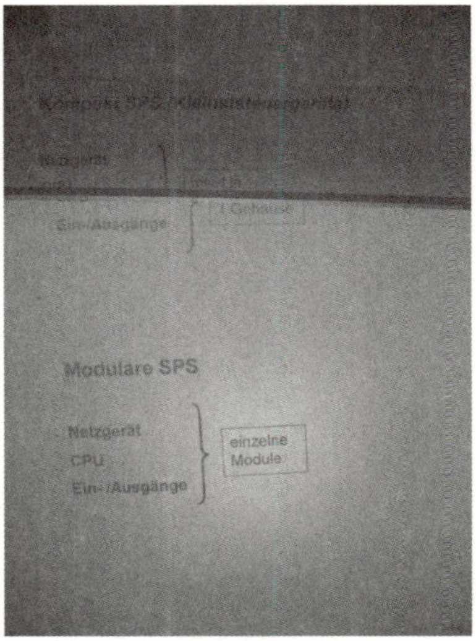

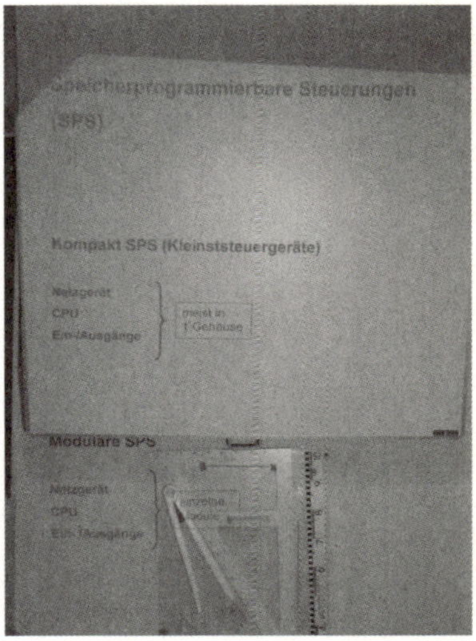

Die Neigung der Präsentationsfläche soll dem projizierten Bild entsprechen (Einstellung des Projektionswinkels), um Verzerrungen zu vermeiden.

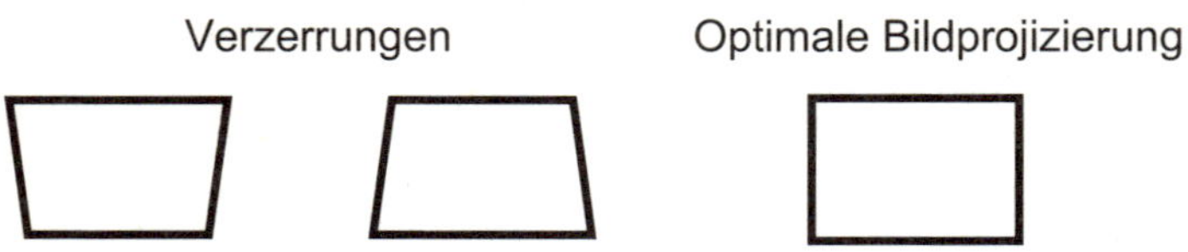

Abdunkelung

Wenn möglich soll nur im Bereich der projizierten Fläche verdunkelt werden (beispielsweise Vorhang oder Jalousien schließen, falls Fenster in unmittelbarer Nähe der Projektionswand existieren. Die Beleuchtung – falls möglich – ist in diesem Bereich selektiv abzuschalten). Der Arbeitsbereich für die Schüler soll hell bleiben.
Eine Gesamtabdunkelung des Raumes sollte eher vermieden werden, da es für die Rezipienten aufgrund dieser Rahmenbedingung (bei Präsentationen ab ca. 25 Minuten) zu massiven Ermüdungserscheinungen kommt. Zudem führt die Mitschrift (Ergänzung auf Skripten, etc) auf halbdunklen Arbeitsflächen zu einer Überanstrengung der Augen, welche ebenfalls ermüdend wirkt. Meist verursacht die Abdunkelung des gesamten Raumes eine Einstellung der Mitschrift.

Größe von Schriftzeichen, Diagrammen

Die Darstellungen auf den projizierten Folien müssen groß genug sein (Buchstaben, Diagramme, etc.), um von der weitest entfernten Zuseherposition aus, noch gut lesbar zu sein. Eine Größenempfehlung (beispielsweise mindestens 16 Punkt) wie sie in etlichen Anleitungen zu finden sind, ist nicht sinnvoll, da die zu wählende Schriftgröße letztendlich von der projizierten Größe (bzw. der zur Verfügung stehenden Projektionsfläche) abhängt.
In den Unterrichtsbeobachtungen wurden etliche „Eins - zu Eins - Kopien" oder „Scannbilder" (kopierte bzw. gescannte Schulbuchseiten) angetroffen, welche aus unterrichtstechnologischer Sicht nicht sinnvoll sind.

Schriftart, Schrift

Schriftarten welche Serife verwenden (wie beispielsweise Times New Roman, etc.) sind für Präsentationen zu vermeiden. Empfehlenswert wäre eine serifenlose Schriftart wie Arial.

Blockschrift ist schwer lesbar und deshalb zu vermeiden. Es sind Groß- und Kleinbuchstaben zu verwenden. Der Flatterrand ist gegenüber dem Blocksatz zu bevorzugen.

TEXTE DIE NUR IN BLOCKSCHRIFT GESCHRIEBEN WERDEN SIND SEHR SCHWER LESBAR. ES SOLLTEN GRUNDSÄTZLICH IMMER KLEIN- UND GROSSBUCHSTABEN VERWENDUNG FINDEN:

Foliengestaltung

Es ist durchgehend zu einer Thematik das gleiche Foliendesign zu verwenden. Unterschiedlicher Folienaufbau sowie unterschiedliche Hintergründe lenken vom Wesentlichen ab und sind kontraproduktiv.

Verwendete Bilder oder Graphiken, etc. sollen das Thema bildhaft unterstützen. (Thematische Entsprechung). Bilder und Grafiken dürfen nicht mit dem Text konkurrieren, sie sollen vielmehr den Text verstärken bzw. ergänzen.

Informationsmenge/Darstellung

Foliengestaltung

- Schriftgröße
- Serifenlose Schrift
- kräftige Farben
- Kontrast
- klare Struktur

Pro Folie sollen nicht zu viele Daten dargestellt werden.
Je Slight werden **7 +/-2** Items empfohlen.

Völlig ausformulierte Sätze sind eher zu vermeiden. (Verwendung von treffenden Merkwörtern an Stelle von „Telefonbuchpräsentationen“)

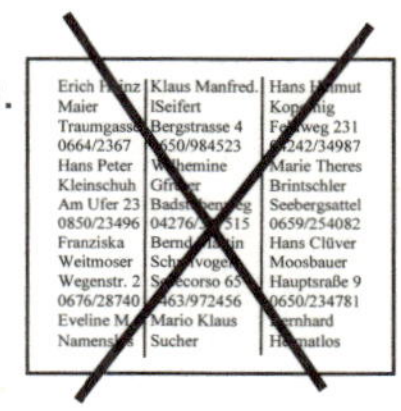

Sind Sätze (Definitionen, etc). unvermeidbar, erscheint ein Vorlesen derselben durch den Referenten als wenig sinnvoll. Diese Vorgehensweise ist dem Lernprozess entgegenwirkend, da der Rezipient mit dem Übertragen der Daten beschäftigt ist. Die Fokussierung seiner Konzentration wird durch zusätzliche Informationen in der Zeit in der er einen Text, eine Graphik etc. übertragen soll, gestört.
Dem Rezipienten muss Zeit gegeben werden den Inhalt der Folie lesen (ev. auch schriftlich übernehmen) zu können. Es sollte aus diesem Grunde keine auditive Überforderung mit anderen Inhalten erfolgen.

Struktur/Hierarchie

Auf den Folien soll durch bewusst eingesetzte Größen und Farben eine klare Struktur (Wichtigkeit, Übersicht) ersichtlich sein.

Animation

Animationseffekte (Hereinfliegen von Buchstaben, Rotieren, etc.) sind für den eigentlichen Lerneffekt kontraproduktiv und sollen vermieden werden.
Sinnvolle Animationen sind solche, die mit der Funktionalität des Gezeigten zusammenhängen (beispielsweise Bewegungsabläufe, Videosequenzen, Originaltonaufnahmen, Experimente, etc.)

Die reale Demonstration von Originalteilen beziehungsweise die Durchführung von Versuchen oder Experimenten, sind einer Präsentation (Powerpoint, Overhead) vorzuziehen (Einbindung taktiler, olfaktorischer und anderer Informationskanäle).

Animationen sind dann sinnvoll, wenn sie Vorgänge und Abläufe aus dem Makro- und Mikrobereich (räumlich und zeitlich) visualisieren. Hier bieten sich die Projektionen mittels Beamer oder direkt auf die Bildschirme der Studenten an.

Beispiele:

räumlich
Makrobereich: Planetendarstellungen, Atomkraftwerke,...
Mikrobereich: Vorgänge in Halbleitern, Beobachtung von Zellfunktionen,

zeitlich
Makrobereich: Die Reaktion einer Blüte auf Sonneneinstrahlung (mittels Zeitraffer dargestellt)
Mikrobereich: Reflektion von Funkwellen, Auswirkungen auf die Insassen eines Kfz bei Aufprall mit unterschiedlichen Geschwindigkeiten,....

Präsentationsgeschwindigkeit

Eine entsprechende Vortragsgeschwindigkeit soll eingehalten werden (Ein PP- oder OH-Vortrag soll nicht zum „Film“ mutieren, wenige Folien pro Zeiteinheit sind gefordert).
Ab 26 Charts / Minute wird eine Powerpointpräsentation zum „Film“.
Empfehlung: pro Chart ca. 3 Minuten

Eine automatische Wiedergabe ist zu vermeiden. Es soll auf Fragen der Zuhörer eingegangen werden können.
Während Unterrichtsanalysen konnte mehrmals beobachtet werden, wie sich Vortragende, in den Bemühungen ihre automatisch ablaufenden Präsentationen zu stoppen und zur gewünschten Folie zurückzukehren, unnötigen Stress aussetzten.

Präsentation

Die Folie soll nur gezeigt werden, wenn auch thematisch zu ihr gesprochen wird bzw. von ihr die Abschrift erfolgen soll. Wenn über andere Themen gesprochen wird ist der

Overhead / Beamer abzuschalten. Der Lichtfleck sowie das Ventilatorgeräusch stellen permanente Ablenkungsquellen dar.

Vermeidung von Ablenkung

Um ablenkende Faktoren (akustischer und optischer Natur) wie beispielsweise Lärm durch geöffnete Fenster (Lärm von Fahrzeugen, Lärm von Maschinen) oder Ablenkung durch Objekte mit wesentlich größerer optischer (und emotionaler) Attraktivität zu vermeiden bzw. einzudämmen, sind entsprechende Vorkehrungen zu treffen.
Die Ablenkung kann durch Animationen bzw. unpassende Bilder Graphiken sowohl auf der Folie als auch durch den Referenten (Kleidung, Auftreten, Missgeschicke, etc.) bzw. die Referentin selbst erfolgen.

5.4.2 Lernpsychologische Grundlagen für die Unterrichtstechnologie

Unterrichtseinstieg

Um den Studierenden einen Überblick und somit das Gefühl für ein Ganzes zu geben, sollte zu Unterrichtsbeginn eine klare inhaltliche Übersicht über die Unterrichtseinheit präsentiert werden.
Um beide Gehirnhälften anzusprechen und an Vorwissen anzuknüpfen, empfiehlt sich die Verwendung des Advance Organizer (nach Wahl). Hierbei wird beispielsweise an Hand einer Folie oder eines Plakates (bestückt mit aussagekräftigen Bildern, Grafiken, etc.) eine inhaltliche Gesamtschau, welche an ein bereits vorhandenes Wissensnetz appelliert, erreicht. Der Advance Organizer stellt nach Hepting bereits eine vorausgehende Lernhilfe dar (vgl. Hepting, 2004, S. 50). Er erleichtert die Verknüpfung des neu präsentierten Inhalts mit bereits vorhandenem Vorwissen, indem es in einer allgemein gedanklichen Struktur angeboten wird (vgl. Wahl, 2006, S. 125).

Ein Beispiel für einen Advance Organizer zum Thema „Funkstörspannung" ist im Anhang zu finden. Es wird hier bildhaft (gehirngerecht) an das Vorwissen der Schüler angeknüpft. Beinahe jeder hörte bereits einmal ein Knistern im Radio aufgrund eines Schaltvorgangs einer Lampe, etc. oder bemerkte den „Schneefall" (weiße Bildpunkte) im Fernsehen aufgrund des Betriebes eines Haushaltsgerätes (Staubsauger, Mixer).
Weiters haben bereits etliche das Symbol für Entstörung auf unterschiedlichen Geräten gesehen.
Die Folie gibt letztendlich eine Übersicht der gesamten Thematik von der Entstehung der Funkstörspannung bis hin zur Entstörung.

Unterrichtsverlauf

Die Lerntempi und das Auffassungsvermögen der Schüler sind massiv unterschiedlich (zeitliche Unterschiede bis 1 zu 9). Dies bedeutet, dass im Extremfall ein Schüler für

einen Lerninhalt 10 Minuten, ein anderer jedoch für den gleichen Stoff 90 Minuten benötigt. Aus diesem Grund ist eine kollektive Vermittlungsphase (bspw. Frontalvortrag) nur bedingt brauchbar.
Wahl bemerkt, dass alleine auf Grund dieser Überlegung kollektiver Unterricht nicht sinnvoll ist.
Deswegen sollte nach einem kollektiven Informationsinput eine individuelle Lernphase folgen. Die Abfolge von kollektiven und individuellen Lernphasen hat in der Literatur als „Sandwich – Prinzip“ Einzug gehalten.

WELL - Wechselseitiges Lehren u. Lernen

Sandwich - Prinzip

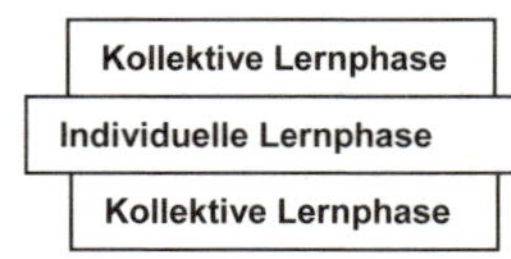

Methoden, welche dem Prinzip des wechselseitigen Lehren und Lernens (WELL) entsprechen, wären nach Hepting, (2004, S. 75) neben anderen:

- Partnerpuzzle
- Gruppenpuzzle
- Lerntempoduett
- Strukturierte Kontroverse

Cliparts, Bilder, Graphiken

Nach Spitzer hat speziell im Bereich von Powerpointpräsentationen die Verwendung von sinnlosen Bildern, Comics, Graphiken etc. massiv zugenommen. Er spricht in diesem Zusammenhang von „Clipunarts“ und weist auf deren **kontraproduktive** Bedeutung hin (vgl. Spitzer, 2005,S. 144ff.).

Der Text soll visuell unterstützt werden. Dies würde den Anforderungen für **gehirngerechte** Präsentationen entsprechen (zB. Abbildung von Originalteilen wenn das Original nicht direkt in die Lehrräumlichkeiten mitgenommen werden kann).

Bei der Foliengestaltung sind Bild-Text Scheren zu vermeiden. Wenn möglich sind zur Thematik passende eigene Aufnahmen (Maschinenteile, Versuche, ...) zu verwenden.
Vielfach verwendete und allgemeine bekannte Cliparts sind zu vermeiden (Sie entlocken den Zusehern im besten Falle ein gelangweiltes Lächeln).
Aufnahmen, welche die unmittelbare Lebensumwelt der Schüler oder sie selbst miteinbeziehen, führen zu einer größeren emotionalen Beteiligung. Ein weiterer Schritt ist die Einbindung der Schüler / Studenten bei der Beschaffung oder Erstellung der Medien.

Zusammenfassung:

Anforderungen an einen gehirngerechten erfolgreichen Unterrichtsverlauf

- Einleitende Übersicht über das zu behandelnde Thema sowie Artikulation der geplanten Lernziele der jeweiligen Unterrichtseinheit (im Sinne eines Advance Organizer nach Wahl)
- Unterstützung des Folientextes mit entsprechenden (**einfachen**) Bildern, Graphiken, etc.
- Wenig Text (maximal 7 +/- 2 Items pro Folie)
- Die Sprachcodierung (Fremdwörter, etc.) muss den Rezipienten angepasst sein (Es geht nicht darum, die „Fremd"sprachenkompetenz des Referenten unter Beweis zu stellen sondern vielmehr darum verstanden zu werden).
- Einbau von „Eselsbrücken" als Lernhilfen
- Herstellung von Verknüpfungen (zur Alltagsrealität der Rezipienten)
- Einsatz von Mnemotechniken (bspw. nach Gregor Staub)
- Ansprechen der unterschiedlichen Aufnahmekanäle der Lernenden (auditiv ⇨ hören, visuell ⇨ sehen, kinästhetisch ⇨ tasten, olfaktorisch ⇨ riechen, gustatorisch ⇨ schmecken)
- Ansprechen der unterschiedlichen multiplen Intelligenzen (nach Gardner) verbal-linguistisch, naturalistisch, musikalisch-rhytmisch, logisch-mathematisch, intrapersonell, interpersonell, visuell-räumlich
- Einbau von Individualphasen während des Unterrichts, bei denen den unterschiedlichen Lerngeschwindigkeiten Rechnung getragen wird (zB wechselseitiges Lehren und Lernen – Schülerin beschäftigt sich mit dem Inhalt und lehrt wiederum Mitschüler).
- Einbindung von emotionalen Komponenten (Anknüpfung oder Ansprechen von Gefühlen)
- Berücksichtigung geschlechtsspezifisch bedingter Lernmöglichkeiten und Verhaltensmuster
- Einsatz von Humor
- Einbettung von Lerninhalten in Geschichten (persönliche Erfahrungen des Referenten, etc.)
- Positive Verstärker (Lob, etc.)
- **Wiederholungen, Wiederholungen, Wiederholungen**

6. Evaluation der Emotional / Sozial & Kognitiv Intelligenten Lehre – EKIL

Emotional betrachtet, ist die Evaluation einer Lehrveranstaltung mit den Faktoren beschäftigt, die das Lernklima und dessen Schaffung durch die/den Lehrende/n betrifft. Es sind dies all die ‚kleinen' Gesten, die Freundlichkeit, Wohlwollen, Dazugehören hervorrufen und das Lernen mit positiven Gefühlen ermöglichen.

Kognitiv ist die Evaluation die fachliche Leistungsbeurteilung mittels Tests.

Soziale Evalution bezieht sich auf die Tatsache, dass bestandene Prüfungen Prestige und Ansehen in der Gesellschaft generieren.

6.1 Fallstudie Umsetzung gehirngerechter Methoden im Unterricht

In der Werkmeisterschule für Elektrotechnik wurden mehrere Versuche durchgeführt in denen die Unterschiede zwischen gehirngerechtem und nicht gehirngerechtem Unterricht aufgezeigt werden konnten.

6.1.1 Forschungsdesign

Rahmenbedingung: Vorwissen

Es wurde besonderes Augenmerk darauf gelegt, dass der Lehrstoff für die Studenten völlig unbekannt war. Nur so konnte gewährleistet werden, dass beim abschließenden Test kein bereit vorhandenes Vorwissen abgefragt wurde. Dieses „Nichtwissen wurde im Vorfeld mittels Befragung eruiert.

Rahmenbedingung: Zeitpunkt und räumliche Umgebung

Da je nach Tageszeit die Aufnahme- und Konzentrationsfähigkeit unterschiedlich ist, wurde Augenmerk darauf gelegt, dass diese Variable keinen gravierenden Einfluss auf die Untersuchungsergebnisse ausüben konnte.
Um hier möglichst gleiche Rahmenbedingungen zu schaffen, wurde der Unterricht im gleichen Klassenraum um eine Unterrichtseinheit (gleicher Tag) später abgehalten. Die Ausleuchtung des Klassenraumes fand zu beiden Zeitpunkten mit Kunstlicht (elektrische Beleuchtung, gleiche Beleuchtungsstärke) statt. Dies wurde ebenso als mögliche Variable berücksichtigt, da bereits Zusammenhänge zwischen Beleuchtungsstärke (richtiger Helligkeit, richtige Lichtfarbe) und Leistungsvermögen festgestellt wurden.

Rahmenbedingung: Lehrerpersönlichkeit

Sämtliche Unterrichtseinheiten wurden von der gleichen Lehrperson durchgeführt. Die Verhaltensmuster der Lehrenden hatten sich genau an den (im theoretisch behandeltem Abschnitt) Vorgaben für gehirngerechten Unterricht (direkte Ansprache der Studenten, Einbau von Humor, Interaktion, etc.) beziehungsweise nicht gehirngerechten Unterricht zu halten.

Gruppenteilung

Die Klasse wurde mittels Zufallstichprobe in zwei Gruppen aufgeteilt. Im ersten Versuch wurde die Gruppe A mit Thema X nicht gehirngerecht unterrichtet. Unmittelbar danach wurde die Gruppe B zum gleichen Thema gehirngerecht unterrichtet.

Kompensierung eventueller ungleicher Leistungsverteilung mittels Kreuzversuch

Um eventuelle Leistungsunterschiede der Gruppen zu kompensieren (es könnte sein, dass in einer Gruppe A zufällig signifikant mehr bessere Schüler als in Gruppe B vorhanden sind – oder umgekehrt), wurde in einer zweiten Versuchsreihe ein Wechsel der Unterrichtsmethode für die jeweilige Gruppe vorgenommen.
Nun wurde die Gruppe A mit Thema Y gehirngerecht, die Gruppe B zum gleichen Thema nicht gehirngerecht unterrichtet.

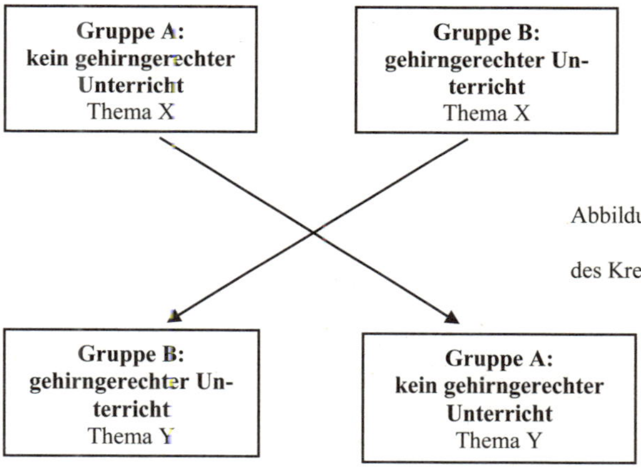

Abbildung: Grafische Darstellung des Kreuzversuches

Testverfahren

Der erste Test (zum Thema A) wurde jeweils unmittelbar nach jeder Unterrichtseinheit durchgeführt.
Um auch Hinweise in Richtung Langzeitgedächtnis zu erfassen, wurde nach sechs Tagen der gleiche Test unangekündigt für beide Gruppen gleichzeitig durchgeführt.
Die Austestung zum zweiten Thema erfolgte nach der gleichen Vorgangsweise. Als methodische Schwäche könnte angeführt werden, dass einige Studenten in der zweiten

Testreihe (Thema Y) die Austestung des Langzeitgedächtnisses nach einer Woche erwarteten und sich eventuell darauf vorbereiteten.

Überprüfung der Lehrtätigkeit

Die Lehrtätigkeit wurde von Kollegen bzw. Kolleginnen mittels Beobachtungsbogen kontrolliert (Anteile von Frontalunterricht, Einbindung der Studenten, etc.) und protokolliert. Mittels dieses Verfahrens sollte gewährleistet werden, dass unabhängig von der technologischen Umsetzung des Unterrichts (Art der Folien, Inhaltsmenge, Aufbereitung, etc.) auch das Lehrerverhalten eindeutige Unterschiede (siehe Beobachtungsbogen_Lehrer) zwischen gehirngerechten und nicht gehirngerechtem Unterricht aufwies.
Die Aufzeichnungen wurden im 3 Minuten Intervallen gleichzeitig von mehreren Beobachtern (um eventuelle Wahrnehmungsunterschiede auszugleichen) vorgenommen

6.1.2 Forschungsergebnisse

Die Testergebnisse ergaben in jeder Gruppe die gehirngerecht unterrichtet wurde, wesentlich bessere Leistungsergebnisse.

Vergleich der Testergebnisse in Prozent (Testung unmittelbar nach der Unterrichtseinheit)

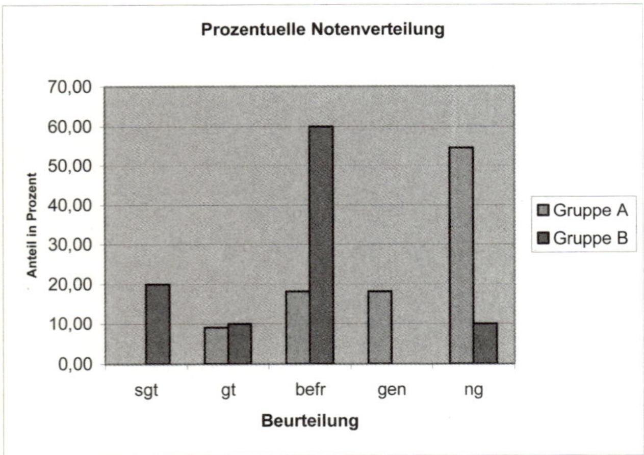

Gruppe A: kein gehirngerechter Unterricht
Gruppe B: gehirngerechter Unterricht

	Termin 1					
	sgt	gt	befr	gen	ng	
Gruppe A	0,00	9,09	18,18	18,18	54,55	%
Gruppe B	20	10	60	0	10	%

Die Testergebnisse (unmittelbar nach Durchführung der Unterrichtseinheit) brachten folgende Ergebnisse:
Aus jener Gruppe welche nicht gehirngerecht unterrichtet wurde (Gruppe A), waren 45,5 % Prozent positiv, 54,5 % negativ.
Die Gruppe welche gehirngerecht unterrichtet wurde, war zu 90 % positiv, nur 10 % der Tests waren negativ.

Vergleich der Testergebnisse in Prozent (Testung 6 Tage nach der Unterrichtseinheit)

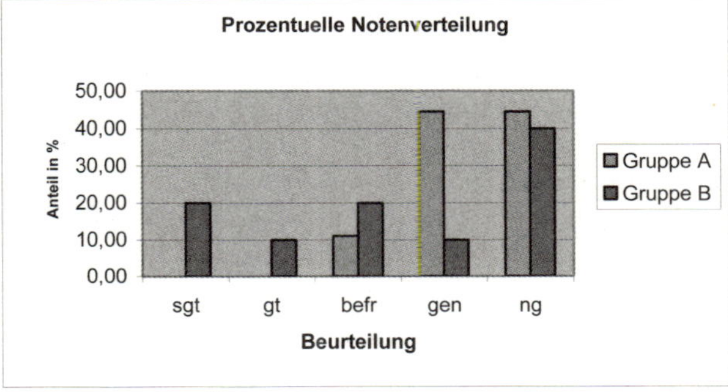

Gruppe A: kein gehirngerechter Unterricht
Gruppe B: gehirngerechter Unterricht

	Termin 2					
	sgt	gt	befr	gen	Ng	
Gruppe A	0,00	0,00	11,11	44,44	44,44	%
Gruppe B	20	10	20	10	40	%

Die Testergebnisse, sechs Tage nach Durchführung der Unterrichtseinheit, brachten folgende Ergebnisse:
Aus jener Gruppe welche nicht gehirngerecht unterrichtet wurde (Gruppe A), waren 55,55 % Prozent positiv, 44,4 % negativ. Den größten Anteil der positiven Bewertungen nahm hier die Beurteilung „genügend" mit 44,45 % ein.
Die Gruppe welche gehirngerecht unterrichtet wurde, war zu 60 % positiv, 40 % der Tests waren negativ. Die positiven Leistungen erstreckten sich jedoch zu 20 % auf „sehr gut", 10 % auf „Gut", 20 % auf „Befriedigend" und nur zu 10 % auf „Genügend".

Vergleicht man die Ergebnisse der beiden Zeitpunkte (unmittelbar nach Durchführung der Unterrichtseinheit bzw. sechs Tage später) so kommt man zu folgendem Ergebnis:

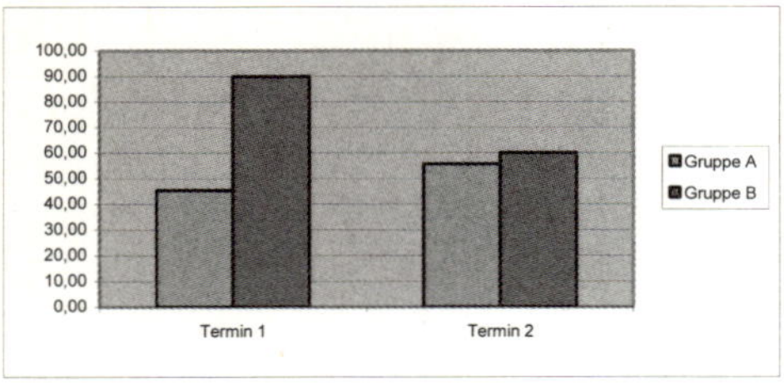

Gruppe A: kein gehirngerechter Unterricht
Gruppe B: gehirngerechter Unterricht

Bei beiden Testserien (Überprüfung Kurzzeit- und Langzeitgedächtnis) wurden durch den Einsatz der gehirngerechten Unterrichtsmethoden bessere Leistungen erzielt.

Ein Kuriosum war im ersten Moment der Anstieg der Testleitung (der Gruppe A) vom ersten zum zweiten Zeitpunkt. Dies geschah obwohl die Thematik nicht mehr behandelt wurde.
Bei näherer Analyse und Vergleich der betreffenden Arbeiten, konnte man erkennen, dass jene Studenten die beim ersten Mal negativ, beim zweiten Test jedoch positiv abschnitten, ausschließlich an Rechenfehlern scheiterten (falsche Formelumwandlung, Einsetzen falscher Einheiten,...). Dies bedeutet, dass die neuen Inhalte bereits beim ersten Mal gekonnt wurden, die Steigerung somit lediglich in der Genauigkeit des mathematischen Arbeitens erfolgte.

Die weitere Testserie mit der zweiten Thematik (Thema Y laut Kreuzversuch) brachte sehr ähnliche Resultate.
Trotz aller eventuell möglichen Schwachpunkte hinsichtlich des methodischen Vorgehens beim Versuch, sind wir der Überzeugung, dass sich die hier gezeigten Resultate in ihrer Tendenz kaum verändern würden.

7. Evaluierung der Emotional / Sozial & Kognitiv Intelligenten Lehre - EKIL

7.1. Evaluierung unter dem Paradigma des Lebenslangen Lernens

Kognitive Evaluierung bedeutet, dass der gelernte Stoff auch nach einiger Zeit abgerufen und auf neue Situationen angewandt werden kann.
Soziale Evaluierung bedeutet, dass das gelernte Wissen und seine Umsetzung zu sozialer Anerkennung und Erfolg führen.
Emotionale Evaluierung bedeutet, dass die emotionalen Kompetenzen im Leben angewandt werden. Jemand wird zu einer guten Zuhörerin bzw. zu einem guten Zuhörer, jemand gelingt es, Interesse für andere zu zeigen, kurzum, das eigene Leben als Erfüllung der Vision und der 'Mission' wahrzunehmen, die Werte aus intrinsischer Motivation heraus als Handlungsbasis zu leben und den Prinzipien der Exzellenz, des Mutes, der Integrität, der Vertrauenswürdigkeit verpflichtet, und der eigenen Kraft gewiss zu sein.

Es geht um das untrügliche Gefühl, um das intuitive Wissen jedes Menschen, dass das Lernen für das Leben und einer ihrer Facetten etwas gebracht hat.

Der amerikanische Konzernchef, dessen marktwirtschaftliche Ausrichtung unumstritten zu seinem Selbstverständnis gehört, sieht die Bedeutung der Zusammenarbeit in Teams.

"Letzten Endes kann man alle wirtschaftlichen Vorgänge auf drei Worte reduzieren: Menschen, Produkte und Profite. Die Menschen stehen an erster Stelle. Wenn man kein gutes Team hat, kann man mit den beiden anderen nicht viel anfangen."
(Lee Iacocca, amerikanischer Topmanager)

Der Zukunftsforscher Matthias Horx favorisiert den Gedanken, einen Menschentypus hervorzubringen, der mit seiner Arbeit nicht nur Geld verdienen will, der gut werden will, der ehrgeizig in einem qualitativen Sinn ist und der ein möglichst schlüssiges, möglichst spannendes Lebenskunstwerk schaffen möchte. Er erkennt darin Trends und sieht Hoffnungsfelder für unsere Jugend, die sie mit unternehmerischer Kompetenz und menschlicher Qualität zu bewältigen imstande sind.
(Vgl. Horx, 2001)

Anita Roddick, die Begründerin der Bodyshops bringt ihre Botschaft auf den Punkt: „Knowledge is not the secret, nor is money. What one needs is optimism, humanity, enthusiasm, intuition, curiosity, love, humour, a sense of joy, magic and fun. None of these things are in the curriculum of a business school.
(Fanta 2006b in: EU – Bildung 2010, S. 145)

‚Evaluierung' bedeutet, eine ganzheitliche Rückschau zu halten, was von einem Seminar, von einer Lehrveranstaltung, von einer Ausbildung geblieben ist. Es sollen die menschlichen Dimensionen der Lernenden und der Lehrenden gleichermaßen miteinbezogen werden.

7.1.1 EKIL ist möglich: Analyse der Rückmeldungen

Analyse Rückmeldungen 2004 – 2008

Im Zeitraum 2004 - 2008 wurden 123 anonyme verbale Rückmeldungen von sechs mehrtägigen Seminaren mit unterschiedlichen Inhalten zu zu folgenden Themen analysiert:

Die Frage am Ende des Seminars lautete:
Was haben Sie / hast Du vom Seminar gelernt?
Was nehmen Sie / nimmst Du vom Seminar mit?
Die Antworten waren anonym.

Emotionale R.	Soziale R.	Kognitive R.	R. zu meiner Person
Wertschätzung, Vision bekommen, eigenständig werden, Vertrauen aufgebaut, Rücksicht, als Mensch über mich gelernt	Gemeinsame Stärken entwickeln Als Team stark sein Gemeinsame Projekte für Europa machen Im System lernen	Auf die Wortwahl achten Erfolg haben Ohne emotionale Intelligenz geht es nicht	Das beste Seminar Keine Zeitvergeudung Die Zeit verging so schnell Vergnüglich Witzig Awesome
40	22	31	30

R. = Rückmeldungen aus folgenden Seminaren [1]

Die fast gleichmäßige Verteilung der Rückmeldungen im emotionalen, sozialen und kognitiven Kontext sind verblüffend; ebenso die Rückmeldungen zur mir als Vortragende.
Die Analyse zeigt klar, dass Lehre nur ganzheitlich erfolgen kann.

[1] „English for Professional Purposes“ für Berufsschullehrer/innen aus ganz Österreich, Hauptschul-, und Volksschullehrer/innen aus Kärnten;
„Emotional / Sozial & Kognitiv Intelligente Lehre EKIL“ bei der Sommerakademie der Lehrer/innen der Polytechnischen Schulen PTS, des Bundeskurses für die Ausbildung zum Lehramt für PTS, und in der Kärntner Tourismusschule;
„EU – Bildung 2010“ und „EKIL und Führung“ in der Schulleiterausbildung am Pädagogischen Institut Burgenland, an der Pädagogischen Hochschule NÖ, bei der Internationalen Schulleitertagung des Alpen Adria Raumes.
Key note Address bei der großen Enquete des Stadtschulrates Wien und des Bundesministeriums für Unterricht, Kunst und Kultur;
„Teamworkshop des Micro Elektronik Clusters“ in Kärnten;
„English for Leadership, Sales and Marketing“ für die Reinraumtechnologie;
“English for Energy” für die Kärntner Elektrizität KELAG.

7.2 Emotional & Kognitiv Intelligente EKI - Bildung für Nachhaltigkeit

Das Menschenrecht auf Bildung ist Ankerpunkt der Weltdekade ‚Bildung für eine nachhaltige Entwicklung', die die UN für die Jahre 2005 bis 2014 ausgerufen haben. Diese Dekade birgt die Vision, dass alle Menschen Zugang zu Bildungsangeboten haben, „die es ihnen ermöglichen, sich Wissen und Werte anzueignen, sowie Verhalten und Lebensstile zu erlernen, die für eine lebenswerte Zukunft und eine positive gesellschaftliche Veränderung notwendig sind".
(Quelle: Weltkommission für Umwelt und Entwicklung. Abschlussbericht der Kommissionsvorsitzenden Gro Harlem Brundtland. August 1987. In: Globales Lernen im Unterricht, November 2007, Entwicklungspolitische Bildungs- und Schulstelle. Wien)

„Sustainable Development" ist eine „Entwicklung, die die Bedürfnisse der Gegenwart befriedigt, ohne zu riskieren, dass künftige Generationen ihre eigenen Bedürfnisse nicht befriedigen können."

Bei Bildung im Sinne der Vision der Vereinten Nationen geht es um die Vermittlung von Kenntnissen und Kompetenzen, derer alle Menschen bedürfen, um Verantwortung an der Welt wahrzunehmen und Gefahren, die durch das globale Zusammenwachsen entstehen, rechtzeitig zu erkennen und diesen entgegen zu wirken.

Bildung kann Menschen dazu befähigen, sich für ihre eigenen Rechte und für die Menschenrechte anderer einzusetzen. Emotional / Sozial & Kognitiv Intelligente Lehre kann die laufende Bildungsdekade für Nachhaltigkeit der Vereinten Nationen maßgeblich unterstützen.

7.3 Entwicklung des globalen Denkens – eine EKI-Verknüpfung

Für die Entwicklung eines derartigen Denkens und globalen Wahrnehmens bedarf es der Einbeziehung und Entwicklung beider Dimensionen unserer Erfahrung: der rationalen wie der intuitiven. Die Zeit der kognitiven Intelligenz alleine ist lange vorbei. Führende Wissenschaftler wie z.B. Daniel Goleman, Robert K. Cooper und Ayman Sawaf beschäftigen sich schon lange mit der emotionalen Intelligenz und entwickeln Messinstrumente für den EQ.

Im Mikrokosmos gesehen, besteht der Unterschied zwischen Teams und Hochleistungsteams in einer Firma, in einem Unternehmen, welche die gleiche fachliche Kompetenz aufweisen, lediglich darin, dass Hochleistungsteams nicht nur für das Ergebnis, das Produkt, sondern auch füreinander die Verantwortung übernehmen.

Im Gespräch Daniel Golemans mit führenden westlichen Wissenschaftlerinnen und Wissenschaftlern und dem Dalai Lama kommt ebenso das Prinzip der Verantwortung zur Geltung:

„Vieles in der Welt von heute – die Entwicklung der globalen Wirtschaft, die Umweltzerstörung, die Bevölkerungsexplosion – ermahnt uns mit großem Nachdruck, bessere Menschen zu werden und eine noch engere Zusammenarbeit anzustreben."

An anderer Stelle formuliert der Dalai Lama:
„Ich bin überzeugt, das Fundament der menschlichen Natur ist die Liebe. Sie ist der Schlüssel zu allem anderen. Ohne sie kann weder der einzelne, noch die Gesellschaft Zufriedenheit und Glück erlangen."

Der Club of Budapest definiert das Bewusstsein, dass wir alle in EINER Welt leben, als „das Wissen um und das Gefühl für die vitale wechselseitige Abhängigkeit und grundlegende Einheit der Menschheit und die bewusste Annahme der Werte und des Ethos, die diese Erkenntnis nach sich zieht.

Tatsächlich finden sich Anteile dieses Denkens in den Sätzen vieler Kulturen, wie zum Beispiel der Indianer.
Im individuellen Bereich. „Du musst eine Meile in meinen Mokkasins gegangen sein, um mich zu verstehen." Oder der persische Dichter Rahi sagt: „Wenn wir alles über jemand anderen wüssten, könnte man niemandem mehr gram sein."

Oder, um ein Beispiel aus der Denkfabrik des systemischen Denkens zu bringen. Wir haben das uniminded system hinter uns gelassen, in dem es einen gibt, der sowohl befiehlt als auch Verantwortung trägt. Wir befinden uns im Übergangsprozess vom uniminded system zum multiminded system, das darin besteht, das jede/r im System für sich und jeden anderen Verantwortung trägt. Wir befinden uns auch in der Transformation von der Image – Ethik zur Charakter – Ethik.
(Vgl. Poostchi, 2006)

Es wird notwendig sein, die Kultur des Vortrages durch eine Kultur des Fragens zu ersetzen. Fragen stellen zu wollen, erfordert Strukturiertheit und Logik. Das allein bietet mehr Anreiz, mitzudenken, mitzulernen, als sich einer vorgetragenen Berieselung hinzugeben.

Schlussgedanken

Wir als Einzelpersonen müssen lernen, miteinander statt gegeneinander zu leben. Wir müssen einen Lebensstil annehmen, der nicht andere der Chance beraubt, ebenfalls würdig zu leben, und der der Verantwortung gegenüber den Armen, den Machtlosen und gegenüber der Natur gerecht wird.

Die Welt wird bestimmt durch das Bewusstsein der Menschen. Dieses Faktum ist kein Grund für Pessimismus. Es erwächst aus der Wahrnehmung, dass die heutige Welt ihrem Wesen nach demokratisch ist beziehungsweise sich ihren Weg zur Demokratie bahnt. In immer mehr Bereichen der Weltgesellschaft ist es das Denken von Menschen, das den kritischen Faktor in der Politik, in der Wirtschaft, in der Bildung und in der Gesellschaft insgesamt ausmacht.

Führungspersönlichkeiten sagen es klar, dass es in der Wirtschaft, in Unternehmen nicht mehr genug ist, fachlich gut zu sein, also Konzepte zu haben. Es sind die Werte eines Menschen, einer Führungspersönlichkeit, gefragt. Insbesondere der Wert, Wertschätzung glaubhaft zu vermitteln, um das Beste aus Menschen herauszuholen, das heißt, sie gemäß ihren Fähigkeiten einzusetzen.

Optimistisch stimmen die Autoren, dass sich offenbar eine Art geistiger Renaissance auf der Erde ausbreitet. Optimistisch stimmen uns, dass ein Mahatma Ghandi 1948 und ein Martin Luther King 1968 und ein Anwar el Sadat 1970 nicht umsonst ermordet wurden und dass ein Nelson Mandela nicht umsonst 26 Jahre auf Robben Island wartete, um am 10. Mai 1994 als Präsident Südafrikas seine Vision umzusetzen.
Optimistisch und euphorisch erleben wir seit 4. November 08 Tausende von Amerikanerinnen und Amerikanern, die mit der Präsidentenwahl 2008 einen Wandel eingeleitet haben.

Optimistisch stimmen uns die Chartas, die Visionen, die Zukunftsstatements von Universitäten und Firmen, die zumindest den Willen zur Veränderung zeigen.

In diesem Sinne wünschen wir „Per aspera ad astra!“ oder „vivat, floreat, crescat!“

Hilda Maria Magdalena Fanta-Scheiner　　　　Karl Mario Valent

New York / Klagenfurt, Februar 09

Anhang

Advance Organizer für das Thema: Funkstörspannung

Advance Organizer für eine Übersicht zum Emotional & Kognitiv Intelligenten
EKI Unterricht

Inhalt Folie 1 (EKI – Unterricht):

Gehirnaufbau
Neuron
neuronale Verknüpfung
Zeitfenster
mögliche Folgen wenn Zeitfenster nicht genützt werden (Erblindung)
Unterschied zwischen Kurz- und Langzeitgedächtnis

Inhalt Folie 2 (Konsequenzen für das Lehren und Lernen):

Laufende, konsequente Wiederholungen
Nutzung beider Hirnhälften (Bilder, räumliche Darstellungen, Sprache,...)
Vermeidung von Angst
Einsetzen positiver Emotionen (Geschichten, Humor, Sex,...)

Inhalt Folie 3
Operationsverstärker allgemein (nicht gehirngerechte Aufbereitung)

Inhalt Folie 4
Operationsverstärker allgemein (gehirngerechte Aufbereitung)

Beobachtungsbogen zum Lehrer- und Studentenverhalten

Rückmeldungen im Original

Advance Organizer

Funkstörspannungen

Störquellen

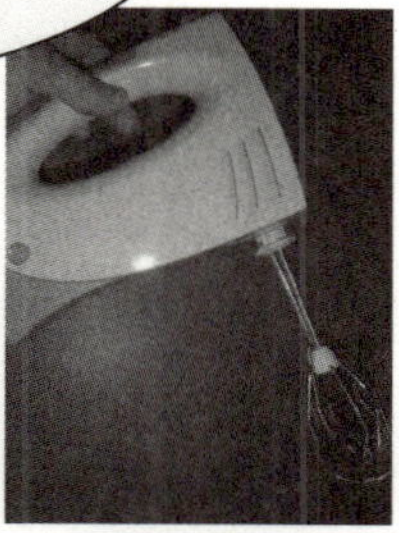

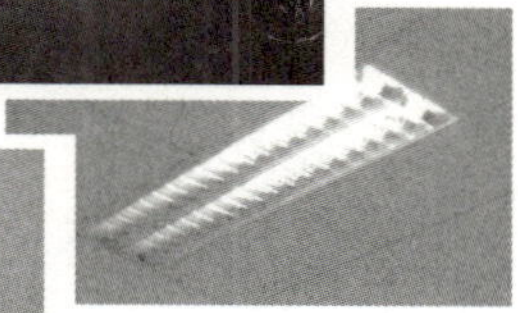

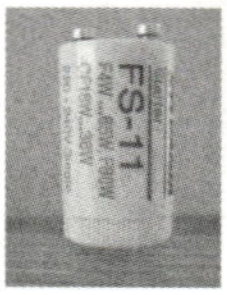

Auswirkungen

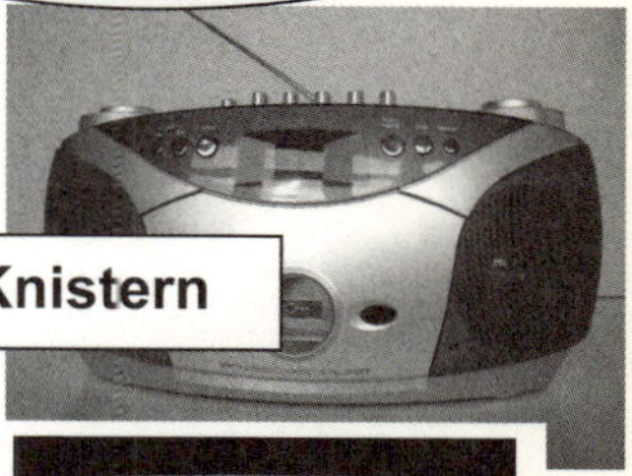

Knistern

„Schneefall"

Kollektorfeuer

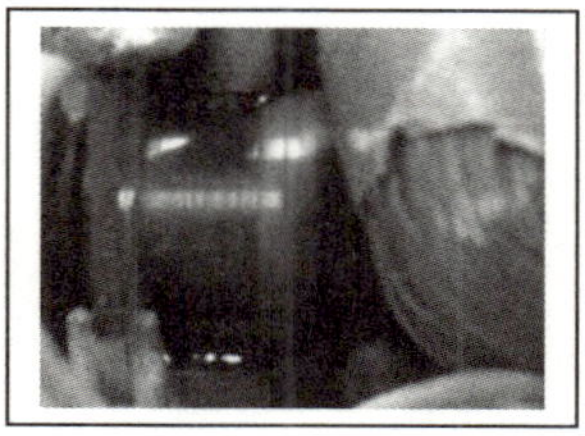

Entstörung

Entstörkennzeichen

Y-Kondensatoren

X-Kondensatoren

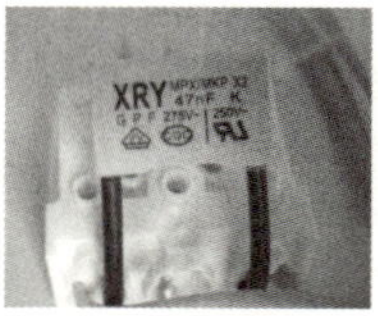

Folie 1

Neurobiologische Grundlagen

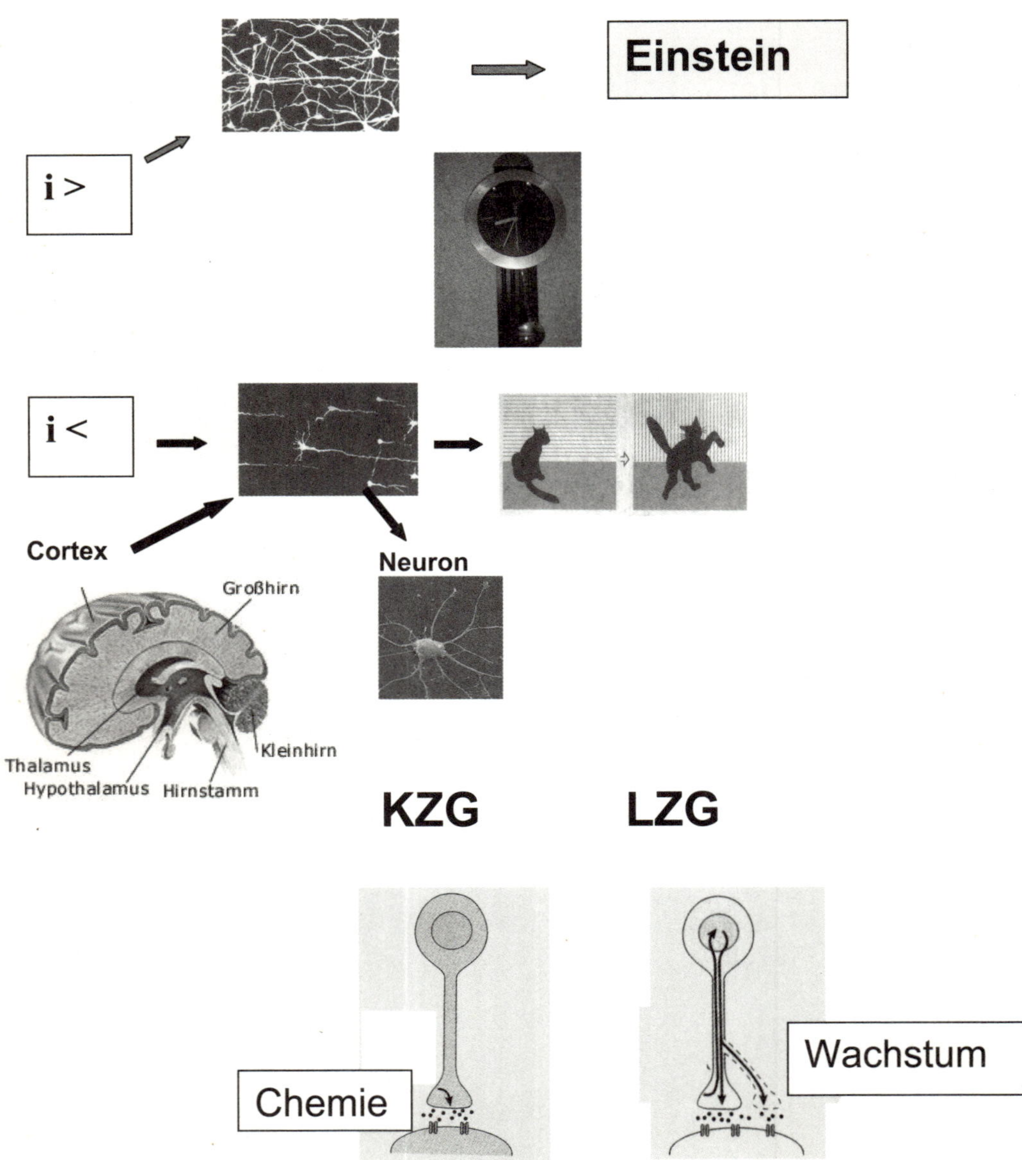

Folie 2

Konsequenzen für das Lehren und Lernen

- **Konsequente Wiederholungen**

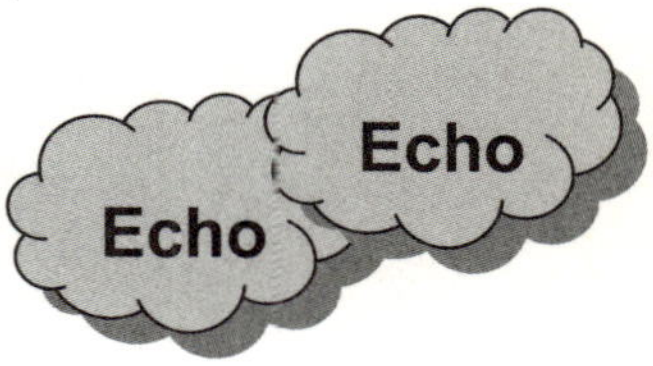

- **Nutzung beider Gehirnhälften**

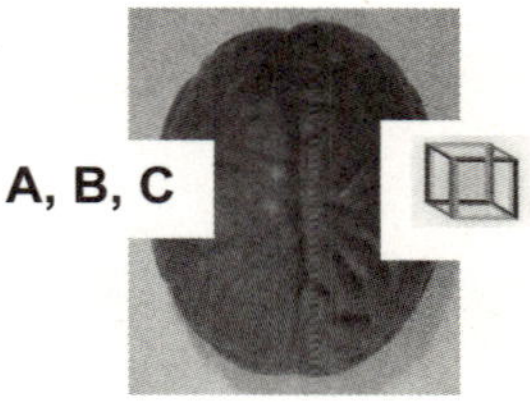

- **Vermeidung von Angst**

- **Einsetzen von Emotionen**
  (Persönl. Betroffenheit, Humor)

Bildquelle: www.pruente-dental.de/laecheln2004.htm

- **Berücksichtigung indiv. Lerntempi**

1 : 9

- **Methoden/Techniken**
  Advance Organizer (Wahl)
  WELL - Wechselseitiges Lehren u. Lernen (Wahl)

Folie 3

Folie Operationsverstärker (Nicht gehirnfreundlicher Unterricht)

Anwendungsgebiete

Ein Verstärker dieser Art verstärkt Tonfrequenzsignale ebenso gut wie regelungstechnische Signale oder Signale von Messwertgebern. Ein Operationsverstärker kann eigentlich überall dort eingesetzt werden, wo es erforderlich ist, elektrische Signale zu verstärken und wo keine großen Ausgangsleistungen benötigt werden. Er ist ein hervorragender Universalverstärker. In vielen Anwendungsfällen sollte man sich jedoch fragen, ob man für die Verstärkung tatsächlich einen Operationsverstärker braucht oder ob nicht ein einfacher aufgebauter Verstärker, der ebenfalls als integrierte Schaltung lieferbar ist, für den beabsichtigten Zweck genügt.

Folie Operationsverstärker (EKI oder gehirnfreundlicher Unterricht)

Anwendungsgebiete

wenn keine großen Ausgangsleistungen benötigt werden

- Nachrichtentechnik
- Regelungstechnik

- Messtechnik

Beobachtungsbogen_Lehrer

Beobachtungsbogen

Thema: ______________________________ Datum: ________

Unterrichtsmethode: Gehirngerecht (G) Nicht Gehirngerecht (NG) Klasse: ____________ Studentenanzahl: _________

Aktivitäten	Zeit in 5-Minuten-Schritten																	
	0-5	5-10	10-15	15-20	20-25	25-30	30-35	35-40	40-45	45-50	50-55	55-60	60-65	65-70	70-75	75-80	80-85	85-90
Aktivität LEHRER																		
Lehrervortrag																		
Lehrer-Student-Gespräch																		
Fragen an Studenten																		
Erklärende Bsp. durch L																		
Scherz (S), Anekdoten (A)																		
Persönl. Ansprache (Namen)																		
Anlächeln (A), Blickkontakt																		
Würdigung von Beiträgen (Einbau), Lob (L)																		
Begeisterung des L spürbar																		
Umgang mit Fragen von S eingehen (e), überhören (ü),																		
Umgang mit Störungen ignor (i), überh (ü), ermahn (e)																		
Tafelbild (T), Flipchart (F)																		
Overhead (O), Beamer (B)																		
Andere Medien																		

Aktivitäten	Zeit in 5-Minuten-Schritten																	
	0-5	5-10	10-15	15-20	20-25	25-30	30-35	35-40	40-45	45-50	50-55	55-60	60-65	65-70	70-75	75-80	80-85	85-90
Aktivität STUDENT																		
Fragen an Lehrer (zum Th)																		
Wortmeldungen (nicht zum Lehrstoff)																		
Sprechen mit Mitschüler(n)																		
Arbeiten mit Skripten																		
Mitschrift																		
Schülerpräsentation																		
Einzelarbeit																		
Gruppenarbeit																		

Lernumgebung (Saal, Anordnung der Plätze, ...)

Bevorzugte Blickrichtung des L

Rückmeldungen im Original – Auszug

Original - Zitate beweisen und verdeutlichen, dass es möglich ist, Emotional / Sozial & Kognitiv Intelligente Lehre EKIL in allen Gegenständen zu praktizieren und die umfassenden Resultate unter der Beachtung der 7 Stufen zu erzielen, die in den vorangegangenen Kapiteln skizziert wurden.

Das Seminar lehrte mich, den Schülern mit mehr Wertschätzung entgegen zu treten.

Die beste Wissensvermittlung nützt nichts ohne emotionale Intelligenz.

Es tat gut, erinnert zu werden, dass es auf die Wortwahl ankommt.

Wurde erinnert, positive Seiten aufzählen.

Lernte, nicht nur überlegen, was man spricht, sondern auch, was man denkt.

Ich lernte nicht nur für die Schule etwas, sondern auch viel für mich, für's Private.

Emotionale Kompetenz kann man lernen!

In jedem Schüler etwas Positives sehen und seine Talente entdecken!

Das Seminar war Lernen in angenehmer Umgebung.

Sich wieder besinnen und stolz auf den Beruf als Lehrerin sein.

Lernte, wie wichtig es ist, auf die Ebene des Kindes zu gehen.

Lernte, dass es wichtig ist, mir mehr Zeit zu nehmen.

Lernte, mehr an meiner Entwicklung zu arbeiten und danach zu leben.

Lernte, dass Visionen für mich wichtig sind. Ich soll Visionen haben und verfolgen.

Deine Person fasziniert!

Der Humor war toll!

Das beste Seminar, das ich jemals besucht habe!

Du bist authentisch und sprühst!

Du hast ein riesiges Allgemeinwissen und es ist vergnüglich, Dir zuzuhören.

Das Seminar hat mir persönlich viel gebracht.

Das Seminar war endlich etwas Gescheites.

Hatte Erwartungshaltung, war skeptisch gegenüber der EU, ich hörte konkrete Dinge und hörte gerne zu; Du bist auch in anderen Themen kompetent.

Habe noch extrem selten so ein interessantes Seminar erlebt. Die Zeit ist extrem schnell vergangen.

Habe mehr Ebenen kennengelernt. Ich habe Mut bekommen und lernte eine breite Palette zu sehen, und zwar, dass vieles im System möglich ist.

Ich habe Lust auf Visionen bekommen.

Habe dazugelernt, dass Lehrervortrag interessant sein kann.

Habe Einblicke in die Lissabon Ziele gewonnen. Für mich waren Deine Beispiele aus Brasilien und Bolivien sehr interessant und gut.

Mir ist bewusst geworden, wie sehr ich persönlich ein Vorbild bin. Dein Enthusiasmus steckt an. Es ist gut, über den Tellerrand hinauszuschauen. Wenn man dich hört, da muss man etwas tun.

Es war kurzweilig, informativ, diskursiv. Eine Erkenntnis ist, dass die EU Bildungsziele auf die Wirtschaft abgestimmt sind. Die Wirtschaft hat das Ruder in die Hand genommen. Ich bekam als Direktor die Idee, wie man eine Schule strategisch ausrichtet.

Mir war das Vakuum nicht bewusst. Es ist dezidierte Allgemeinbildung im Humboldtschen Sinn, was Du vermittelst. Hat gut getan!

Konsequenzen aus dem Seminar:
Was wirst Du morgen tun?

Ich weiß über EKIL mehr und wie sich Zielvorstellungen umsetzen lassen.
Ich werde alles durchlesen und reflektieren.
Ich werde intelligentes Lehren praktizieren In der Sonderschule ist es nicht schwer!
Ich werde ein EU Projekt initiieren, eines, das die Arbeit wert ist!
Ich werde Vorurteile abbauen. Das hat einen Schneeballeffekt, der in Richtung gemeinsames Europa geht.
Mir schwebt ein Projekt zu Religion, Brauchtum, Gebäude, Künstler, Wasser und Energie vor.
Werde nach Deinem Konzept die Kultur der anderen kennenlernen.
Die Sieben Stufen motivieren!
Es gilt für mich, eigenständig zu werden.
Ich werde dem PI Burgenland sagen, dass es weitere Seminare mit dir macht.

Individual answers by participating teachers: enjoyed it, difficult, great fun, informative, I am 'above' 5000 words – after having done one E- course, awesome, magnificent, lovely, well structured, marvelous, excellent.

Rückmeldungen des Bundeskurses Englisch für BerufsschullehrerInnen im Schloss Krastowitz

Es war ein rundum wunderbares Seminar!

Sehe dem Folgeseminar schon freudig entgegen.“

Ich möchte Dir für dieses tolle Seminar danken – es war einfach wunderbar. Meine anfängliche Angst, sprachlich nicht mithalten zu können, hat sich nach den ersten paar Übungen gelegt und ich war eigentlich sehr stolz auf mich, dass ich so viel zusammen gebracht hab.

Ich hätte dir gerne persönlich zu diesem tollen Seminar gratuliert.
Es war echt super, mit Euch 4 Tage in Kärnten zu verbringen. Danke!

Hat mir diesmal wieder (gleich wie vor zwei Jahren sehr gut gefallen. Finde es nur schade, dass BFE-Seminare in dieser Qualität und output nicht in Tirol angeboten werden. Die längere Anreise ist es sicherlich wert.

Hab vergangene Woche schon 2 Sachen im Unterricht ausprobiert und ist gut angekommen. Die anderen BFE-Lehrer erhielten gleichfalls einige Kopien und waren darüber sehr erfreut.
Falls (hoffentlich) ein dritter Teil dieses Seminars stattfindet, bitte mich jedenfalls als ‚energisch interessiert' vorzumerken, werde gerne wieder motiviert lange Reise gegen Osten antreten.

Nochmals herzlichen Dank für die letzte Woche. Das Seminar musste ja gelingen mit Hilde Fanta und Ozzy Jochum als Referenten und dir als gutem Geist! So wie auch das erste Seminar vor zwei Jahren, war dieses Englisch – Seminar genau das, was ich für meinen Unterricht brauche.

Wir haben eine Menge neuer, guter Ideen für die Arbeit mit unseren Schülern erlernt. In der ersten Unterrichtsstunde nach der Rückkehr aus Klagenfurt war eine Englischstunde. Da haben wir gleich Arbeitsunterlagen aus dem Seminar verwendet und Lernspiele gemacht – wir hatten viel Spaß und die Schüler haben ‚nebenbei' auch einiges gelernt.

Während der Heimfahrt nach Salzburg war ich ziemlich erschöpft. Ich sehe den Grund dafür, dass wir im Seminar ganz schön gefordert wurden. Ich dachte noch einmal an die vielen verschiedenen Programmpunkte und war sehr zufrieden. Die meisten der gelernten Lernmethoden eignen sich nicht nur für Englisch, sondern auch für alle anderen Gegenstände.

Mein Unterricht wird also wieder ein bisschen bunter – und dafür danke ich dir recht schön. Damit die Farben mit der Zeit nicht wieder verblassen, wünsche ich mir unbedingt eine Fortsetzung unseres Seminars.

Und nun mein privater Seminarbericht!
Es war wieder ein Traum! … so viel Freundschaftliches!
Bei der Heimreise haben Margit, Ulli und ich noch geschwärmt …
Es war wie Urlaub mit ‚Lernanteil'.
Sei umarmt und gedrückt!
Danke, Danke, Danke!
Freue mich schon auf ein Wiedersehen!

Team workshop Me2c

Ich habe gelernt, dass man auf Menschen schauen soll,
dass jeder einzelne Beitrag wichtig ist und ich herausfand, wofür er/sie sich einsetzt
Vertrauen wurde aufgebaut; das nehme ich mit

Ich habe über die einzelnen Leute viel gelernt.
Solche Seminare bilden gute Möglichkeiten, als Team erfolgreich zu sein.
Ich bin davon überzeugt, dass uns das gelingen wird.
Durch das HDI-Modell kann ich die Stärken besser einfügen in unsere Arbeit.

Es war lustig und ich fühle mich sehr gut.
Ich fühle mich gut aufgehoben.
Ich habe viel Rücksicht gespürt.

Fühle mich den anderen sehr viel näher. Das Eis wurde gebrochen.
Ich bin zuversichtlich, dass wir ein starkes Team sind und sein werden.

Solche Unternehmungen und Tage sind wichtig für uns.
Ich habe gelernt, welcher Mensch ich bin und wer die anderen sind.
Fühle uns als Team stark und merke, dass wir alle gegenseitig eine positive Ergänzung darstellen. Danke!

Literatur zu den Kapiteln 1, 2, 3, 4, 7

Attenborough, R., 1982, The Words of Gandhi. New York: Newmarket Press.

Bergius, R., 1971, Psychologie des Lernens. Stuttgart.

Bernstein, L., 1976. The Unanswered Question. Six Talks at Harvard. USA: Harvard University Press.

Blumenthal, E., 13., überarbeitete Auflage 1995, Neue Wege zur inneren Freiheit. Praxis und Theorie der Selbsttherapie. Stuttgart: Horizonte.

Bodensee Charta unter www.terranetwork.org vom 26.09.2006

Covey, S., 1999, Die effektive Führungspersönlichkeit, Campus, NY.

Csikszentmihalyi, M., 1992, Flow. Das Geheimnis des Glücks, Aus dem Amerikanischen übersetzt: Flow – the psychology of optimal experience. Harper & Row, New York, 1990. die dt.spr.Ausgabe: Klett-Cotta, Stuttgart, 1992. Buchumschlag, und weitere Werke.

Dreikurs, R., Soltz, V., 1964, Kinder fordern uns heraus. Wie erziehen wir sie zeitgemäß? Berlin-Darmstadt-Wien: Ernst Klett Verlag –J.G. Cotta'sche Buchhandlung.

Ettehadieh, F., (1998) The Two Wings Story, Stuttgart: Horizonte Verlag.

Europäische EURYDICE-Informationsstelle Avenue Louise 240 – B-1050 Brüssel; E-mail: info@EURYDICE.org; www.EURYDICE.org.

EQF – Arbeitsunterlage der Kommissionsdienststellen auf dem Weg zu einem Europäischen Qualifikationsrahmen für Lebenslanges Lernen. Brüssel, den 8.7.2005 SEK (2005) 957

Faltin, G., 2005, Für eine Kultur des Unternehmerischen - Entrepreneurship.als Qualifikation der Zukunft. In: Leistung – Lust & Last. Erziehen in einer Wettbewerbsgesellschaft, Bucher, Lauermann, Walcher (Hrsg.) Wien.

Fanta, H., 2006a, Selbstbild und Kommunikationsstil erfolgreicher Persönlichkeiten. Managementkonzepte, Band 32, Herausgegeben von Klaus Götz. München und Mering: Rainer Hampp Verlag.

Fanta, H., 2006b, In: EU-Bildung 2010, Regionalveranstaltung für Wien, Niederösterreich und Burgenland. Vorträge und inhaltliche Informationen anlässlich der Veranstaltung am 5. Oktober 2006 in Wien. Herausgegeben von: bm:bwk / Helmut Bachmann und Stadtschulrat für Wien / Franz Schimek.

Fanta-Scheiner, H. und Jochum, O., 2006c, ECIT at International Conference on Engineering Education 2006, University of Puerto Rico, Mayagüez Campus, College of

Engineering, Office of the Dean, P.O. Box 9040, Mayagües, Puerto Rico, 00681-9040,USA.

Fanta, H., 2007, Der Merlion wacht. Bericht über die Konferenz in Singapur 2007, In: Unisono (unter Nachlese). www.uni-klu.ac.at/unisonoonline

Frankl, V. E., 3. Auflage 1996. Der Wille zum Sinn. Ausgewählte Vorträge über Logotherapie. München: Piper.

Frankl, V.,E., 3. Auflage 1998. Logotherapie und Existenzanalyse. Texte aus sechs Jahrzehnten. Quintessenz. München (übernommen von der PVbl, Weinheim, Bergstraße).

Frankl, V.E., 10. Auflage 1982, Ärztliche Seelsorge. Grundlagen der Logotherapie und Existenzanalyse. Wien: Deuticke.

Friedmann, Th. L., 2006, The World is Flat The globalized world in the twenty-first century, Penguin.

GÖD Ausgabe 6/2006, S. 26ff.

Goleman, D., 2006, Soziale Intelligenz. Wer auf andere zugehen kann, hat mehr vom Leben. München: Droemer. (Die Originalausgabe erschien unter dem Titel „Social Intelligence" bei Bantam Dell, New York).

Hall, J.A., 2001, The PONS Test and the Psychometric Approach to measuring Interpersonal Sensitivity. NJ: Erlbaum.

Horx, Matthias: Smart Capitalism, Eichborn, Frankfurt, 2001.

Khadem-Missagh, B., 1998, Das Musische als Lebensweise. Ein Credo. Stuttgart: Horizonte Verlag.

Klagenfurter Promotionsreden IV (Erstes Drittel), 2002, Hg.: von Lechner, E. gem. m. Müller, W., Hilda Maria Fanta: Dankesrede (1. Februar 2002). Abteilung für Historische und Vergleichenden Pädagogik. Universität Klagenfurt, S. 28-38.

Laszlo, E., 2. revidierte Auflage 2003, You can change the world. Wie kann ich die Welt verändern. Anleitung zum persönlichen Handeln. Ein Report des Club of Budapest mit einer Einleitung von Michail Gorbatschow. Stuttgart: Horizonte Verlag.

Laszlo, E., 2005, Zu Hause im Universum. Eine neue Version der Wirklichkeit. (Titel der amerikanischen Originalausgabe: Science and the Akashic Field – An Integral Theory of Everything). Allegria.

Lieberman, M. und Ochsner, K., 2001, The Emergence of Social Cognitive Neuroscience, In: American Psychologist 56,.

Lukas, E., 2007. Heute ist der erste Tag vom Rest deines Lebens. Schritte zu einer erfüllten Existenz. Gütersloh: Gütersloher Verlagsgruppe, München: Random House.

Mandela, N., März 2005, 9. Auflage. Der lange Weg zur Freiheit. Autobiographie. Frankfurt am Main: Fischer Taschenbuchverlag.
Die amerikanische Originalausgabe erschien 1994 unter dem Titel ‚Long Walk to Freedom; the Autobiography of Nelson Mandela'. Boston, New York, Toronto, London: Little, Brown and Company.

Murphy, T., 1992., Music and Song. Resource Books for Teachers. Oxford: Oxford University Press.

Nitsche, P., 1. Auflage Mai 2005, Nonverbales Klassenzimmer Management. Strategien aus der Praxis für die Gruppe. Unterrichten mit Logik und Liebe. Neusäß: Ubooks.

Österreichisches Wörterbuch, 39. Aufl., Nachdruck 2004.

Peter Ustinow: http://gilthserano.de/bio/weltb%C3%BCrger/ustinov.html vom 3.10.2006

Poostchi, K., 1.Auflage 2006, Spuren der Zukunft. Vom Systemdenken zur Teampraxis. Berlin: Terra Media.

Posamentier, A., S. is dean of the School of Education, City College of New York. In: The Baltimore Sun: Do the math – if teachers think it's fun, so will kids; August 22, 2006.

Riedl, R., 2. Auflage 2004, Meine Sicht der Welt. Wien: Seifert Verlag.

Roddick, A., 1991, Body and Soul: Erfolgsrezept Öko – Ethik; ECON, Düsseldorf, Wien, New York, Moskau.

Sartre, J.P., 1967. Kritik der dialektischen Vernunft. Reinbek.

Sprenger, R. K., 7. Auflage 1999, Die Entscheidung liegt bei dir. Wege aus der alltäglichen Unzufriedenheit. Frankfurt am Main; New York: Campus Verlag.

Stecher, R., 1996, 11. Aufl., Botschaft der Berge, Innsbruck; Wien: Tyrolia.

The Oxford Universal Dictionary Illustrated, Reprinted 1974, London, Oxford University Press, Volume 1.

Winterheller, M., 2004, 5. Auflage, start living! Das 6 Wochen Training. Eine außergewöhnliche Anleitung, zu sich selbst zu finden. Graz: Verlag Dr. Manfred Winterheller.

www.planetlifeuniversity.org vom 01.06.04; www.planetlifeacademy.org vom 28.10.2004 und www.terranetwork.org vom 26.09.2006

Yunus, M., 1999, 2003, Banker to the Poor. Micro-Lending and the Battle against Poverty. New York: Perseus Books Group.

Ziegler, Jean, 2007, Erste Auflage. Das Imperium der Schande. Der Kampf gegen Armut und Unterdrückung. München: Bertelsmann. Die Originalausgabe ist 2005 unter dem Titel „L'Empire de la honte" bei Fayard, Paris, erschienen.

Zur Entwicklung nationaler Bildungsstandards – Eine Expertise – von Prof. Dr. Eckhart Klieme, Deutsches Institut für Internationale Pädagogische Forschung (DIPF) am 18. Februar 2003 in Berlin

Literatur zu den Kapiteln 5 und 6

Bowman, Sharon, L.: The ten-minute trainer. 150 ways to teach it quick and make it stick. Pfeiffer. San Francisco, 2005.

Colin, Rose; Malcolm, J. Nicholl: Der totale Lernerfolg. Unsere wahren Lernpotentiale aktivieren. mvg-verlag, Landsberg am Lech, 1998.

Dreikurs, Rudolf: Grundbegriffe der Individualpsychologie. Klett-Cotta, Stuttgart, 2002.

Düweke, Peter: Kleine Geschichte der Hirnforschung. Von Descartes bis Eccles. Verlag C. H. Beck OHG, München, 2001.

Falk, Dean: Warum Schimpansen nicht steppen können. Die Entwicklung des menschlichen Gehirns. Insel Verlag, Frankfurt am Main und Leipzig, 1996.

Frick, Jürg: Die Droge Verwöhnung. Beispiele, Folgen, Alternativen. Verlag Hans Huber, Bern, 2004.

Hepting, Roland: Zeitgemäße Methodenkompetenz im Unterricht. Eine praxisnahe Einführung in neue Formen des Lehrens und Lernens. Verlag Julius Klinkhardt, Bad Heilbrunn, 2004

Kandel, Eric: Auf der Suche nach dem Gedächtnis. Die Entstehung einer neuen Wissenschaft des Geistes. Siedler Verlag. München, 2006.

Spitzer, Manfred: Lernen. Gehirnforschung und die Schule des Lebens. Akademischer Verlag, Heidelberg, Berlin, 2002

Spitzer, Manfred: Nervensachen. Geschichten vom Gehirn. Suhrkamp Taschenbuch, Stuttgart, 2003.

Spitzer, Manfred: Vorsicht Bildschirm! Elektronische Medien, Gehirnentwick lung, Gesundheit und Gesellschaft. Ernst Klett Verlag, Stuttgart, Düsseldorf, Leipzig, 2005.

Thompson, Richard, F.: Das Gehirn. Von der Nervenzelle zur Verhaltenssteuerung. Spektrum Akademischer Verlag, Heidelberg, Berlin, 2001.

Vester, Frederic: Denken, Lernen, Vergessen. Was geht in unserem Kopf vor, wie lernt das Gehirn, und wann läßt es uns im Stich? Deutscher Taschenbuch Verlag, 1999 (26. Auflage), München

Wahl, Diethelm: Lernumgebungen erfolgreich gestalten. Vom trägen Wissen zum kompetenten Handeln. 2., erweiterte Auflage, Julius Klinkhardt Verlag. Bad Heilbrunn, 2006.

Zeitschriften

Brand, Matthias/ Markowitsch, Hans J: in: Zeitschrift für Erziehungswissenschaft. Biowissenschaft und Erziehungswissenschaft. Herausgegeben von Anette Scheunpflug und Christoph Wulf. VS Verlag für Sozialwissenschaften, Wiesbaden, 2006.

Wahl, Diethelm: Lernen heute In: Innovative Formen des Lehrens und Lernens. Lehren und Lernen Heft 10/2005. Herausgegeben von Roland Hepting.

Warnung, Soheyla: Kinder brauchen Mitmenschen, die sie mögen und an sie glauben. In:PZW-NEWS (Pädagogisches Zentrum Welz), 31. Ausgabe, September, 2007, S.2f)